高等职业教育**汽车类专业**系列教材

汽车涂装技术

主　编　陈　凯　王　佳　刘小璞

副主编　李世伟　李中林　孙兆轩

参　编　贾海云　袁东辉　紫文才

重庆大学出版社

内容提要

本书按照汽车修复涂装的实际工艺过程编写,共分8个项目,包括职业健康与安全、漆前底处理、底漆的涂装、原子灰的施涂与打磨、中涂底漆的涂装、面漆的调色、面漆的涂装、典型漆膜涂装工艺。

本书采用项目式教学,以任务为驱动,突出实践操作,注重培养学生的实践技能。其可作为高等职业院校汽车制造技术、新能源汽车技术及其他相关专业的教材,也可作为高职汽车相关专业选修课教材、汽车车身维修技术培训教材,还可作为汽车维修技师自学的参考资料。

图书在版编目(CIP)数据

汽车涂装技术 / 陈凯,王佳,刘小璞主编. -- 重庆:
重庆大学出版社,2025.3. -- ISBN 978-7-5689-4850-0

Ⅰ.U472.44

中国国家版本馆 CIP 数据核字第 202448V9T7 号

汽车涂装技术

主 编 陈 凯 王 佳 刘小璞
副主编 李世伟 李中林 孙兆轩
策划编辑:范 琪

责任编辑:姜 凤 版式设计:范 琪
责任校对:谢 芳 责任印制:张 策
*
重庆大学出版社出版发行
社址:重庆市沙坪坝区大学城西路 21 号
邮编:401331
电话:(023)88617190 88617185(中小学)
传真:(023)88617186 88617166
网址:http://www.cqup.com.cn
邮箱:fxk@cqup.com.cn(营销中心)
全国新华书店经销
重庆升光电力印务有限公司印刷
*
开本:787mm×1092mm 1/16 印张:11.25 字数:280 千
2025 年 3 月第 1 版 2025 年 3 月第 1 次印刷
ISBN 978-7-5689-4850-0 定价:39.00 元

汽车钣喷区是汽车售后维修企业中必备的工作区域,而汽车涂装作为车身修复岗位重要的作业内容,对学生在汽车检测与维修行业中的可持续发展起着重要作用。

本书以汽车售后维修服务企业车身修复岗位的典型工作流程确定教学项目及任务,结合高职学生的认知规律,突出应用性、实践性,以提高学生的实操能力和职业素养为重点,加强车身涂装修复解决方案的制订和实施培养。

本书主要特点如下:

1. 内容丰富,图文并茂,参考国家职业技能(汽车涂装工)等级标准。

2. 侧重对学生职业素养的培育,每个任务中均涉及该任务实施的安全操作规范、环保卫生等要求。

3. 采用项目导向、任务驱动的教学模式,突出技能训练,培养工匠精神。

4. 每个任务均附有活页式任务工单和评价表,便于实训教学和考核。

5. 作为新形态一体化教材,配套丰富的多媒体教学资源,如 PPT 课件、课程标准、授课计划、图片、视频、微课、题库等,学生可登录智慧职教(www.icve.com.cn)在线学习。

6. 由高校教师、汽车维修企业技术专家组成的校企团队联合开发,课岗紧密对接,体现职教特色。

本书由襄阳职业技术学院陈凯、王佳、刘小璞担任主编,由襄阳职业技术学院李世伟、李中林、孙兆轩担任副主编,襄阳职业技术学院贾海云、襄阳汽车轴承股份有限公司袁东辉、楚雄技师学院紫文才参与编写。具体编写分工如下:孙兆轩(项目一)、陈凯、刘小璞(项目二)、王佳、李世伟、紫文才(项目三、四、五)、李中林、贾海云、袁东辉(项目六—项目八)。全书由陈凯和王佳负责统稿。

由于编者水平有限,教材中难免存在疏漏和不足,恳请读者批评指正!

编 者

2024 年 10 月

MULU 目 录

项目一
职业健康与安全

【项目描述】

在汽车涂装施工操作中,安全生产和个人防护是防止火灾、伤亡事故、职业病发生,保障员工身体健康的重要措施。涂料中,稀释剂大都是易燃品,都易挥发且有一定的毒性。在施工过程中,会产生大量飞漆和粉尘,操作人员若不严格遵守安全操作规程和安全施工方法,极易引发生产事故。事故造成的伤害,轻者损害健康,重者则可能导致残疾甚至死亡。因此,喷漆作业者在每一项作业时都要以安全和健康为前提。需要始终牢记:在工作中采取安全防护措施的成本,永远都比丧失或部分丧失劳动能力的损失低得多。

任务 1　涂装作业安全防护

📖 任务目标

1. 了解漆面修补作业中接触的有害物及对人体的伤害。
2. 了解汽车涂装作业中各安全防护用品的作用。
3. 掌握喷漆作业中正确选择防护用品的方法。
4. 掌握防护用品正确的佩戴方法。
5. 具备安全生产意识、环境保护意识以及团队协作意识的职业素养。

📖 任务描述

　　某汽车涂装车间现有安全防护用具(图 1-1)如下：工作帽、防尘口罩、防毒面罩、护目眼镜、耐溶剂手套等，请同学们依次正确完成安全防护用品的穿戴。由于涂装工艺流程阶段的不同，本任务需要模拟打磨作业、原子灰刮涂作业和喷漆作业时的防护用品穿戴，请同学们依据老师指定的场景正确地选择并佩戴防护用品。

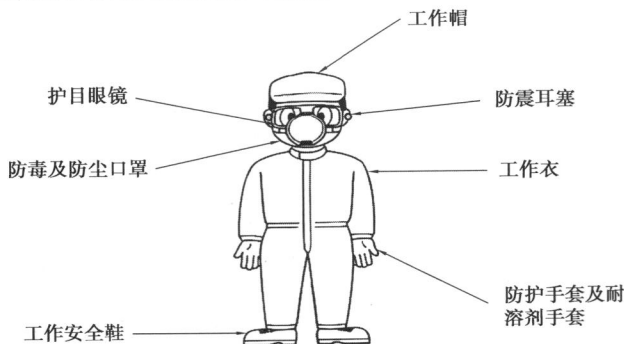

图 1-1　某涂装车间穿戴防护用品

📖 任务分析

　　首先，需了解汽车涂装作业中各种安全防护用品的作用；其次，由于汽车涂装作业中每个工作场景对安全健康防护的要求不同，需根据场景的不同正确选择安全防护用品；最后，需掌握安全防护用品的正确佩戴方法。

📖 任务准备

　　物料准备：防静电喷漆服、防尘口罩、防毒面具、耳塞(罩)、棉纱手套、耐溶剂手套、安全鞋、护目镜等。

　　人员准备：教材、笔、工单。

📖 任务实施

1. 检查、佩戴防毒面具

①检查防毒面具上所有塑料及橡胶部分有无裂痕、破口或老化,确保防毒面具没有弯曲变形、能与脸部贴合、保证密封性。

②检查吸气阀有无变形、老化或破裂。

③卸下呼气阀盖,检查呼气阀和阀座有无脏污、变形、老化或破裂,并重新安放呼气阀盖。

④检查头带,确保头带完好、弹性良好。

⑤检查配件,确保配件完好,防毒面具检查完毕。

⑥用防毒面具盖住口鼻,调节头带松紧至合适位置。

⑦调整防毒面具在面部的位置,确保头发及胡须没有干扰,左手托住防毒面具的下边沿,使面具紧贴面部,右手在颈后用力拉紧头带。

⑧使用正压测试和负压测试两种方法测试防毒面具的气密性。

2. 更换防毒面具的滤棉、滤毒盒

①抓住滤棉盖的边缘,向上用力取下滤棉盖。

②丢弃旧滤棉,将新滤棉有字的一面朝向滤毒盒放入滤棉盖内。

③将滤棉盖用力扣向滤毒盒,确保滤棉盖卡紧,且滤棉完全覆盖滤毒盒表面。

④将滤毒盒的标记部位与面具的标记部位对准后,扣上滤毒盒,然后按顺时针方向扭转卡紧。

3. 日常维护防毒面具

①取下滤毒盒、滤棉等过滤材料,如有必要,还可取下吸气阀、呼气阀、头带等配件。

②用医用酒精棉球、温水或肥皂水清洗面具,同时可用刷子清除脏污,如果面具脏污较多,还可将其浸在温热(温度不超过50 ℃)的清洁液中,用布或软毛刷擦拭,直至干净。

③将面具浸入季铵盐、次氯酸钠或酒精等消毒溶液中消毒。

④用干净、温和的水冲洗面具,并使其在清洁、通风的环境中晾干。

⑤将洗净后暂不使用的防毒面具本体、滤棉、滤毒盒放入储存袋中,存放于远离污染环境的储物柜中。

📖 知识链接

1. 涂装工作安全守则

①所有涂料产品应适当储存及远离孩童。

②所有涂料产品必须在通风较好的环境下及装有排气系统的操作间内使用。

③汽车修补漆只供专业喷涂或工业施工之用。

④有关产品说明书及安全守则可向经销商或涂料制造商咨询。所有产品在使用前必须详细阅读有关资料及化学品安全技术说明书。

2. 涂装作业接触的有害物对人体的损害

许多涂料及其相关产品,有燃烧和毒性的危害,会刺激皮肤、眼睛、鼻子、气管等,引起眼

花、头痛、倦怠等。人体长期暴露在有毒物质含量或噪声较大的地方,会出现头晕、耳聋等症状。这些症状是不会立即显出的,会在不知不觉中逐渐慢性中毒、耳聋,而人类天生的抵抗机能是远远不够的。因此,操作者必须爱护自己的身体。

颜料中可能含铅、铬、镉等重金属。铅会影响神经系统、血液系统、肾脏系统、生殖系统;铬会损伤呼吸道、消化道,引起皮肤溃疡、鼻中隔穿孔等;镉会引起呼吸道病变,危害肾脏系统。有机溶剂中可能含有甲苯、二甲苯,会刺激中枢神经、皮肤,损伤肝脏。树脂可能引起呼吸道过敏、皮肤过敏。2K 型(双组分)烤漆的固化剂可能含有异氰酸盐,会刺激皮肤、黏膜,引起呼吸器官障碍。从事汽车涂装作业必须注意安全,以避免意外。因此必须谨记:预防胜于补救。还要注意一点:有慢性肺病或呼吸系统问题者,应避免接触油漆及有关产品。

3. 为什么不能用纱布口罩替代防尘口罩

人在呼吸时,颗粒物的直径越小,其进入呼吸道的部位越深。粒径超过 10 μm 的颗粒物可被鼻毛截留,也可通过咳嗽排出人体,而粒径在 10 μm 以下的颗粒物(通常称为 PM_{10},又称为可吸入颗粒物或可吸入飘尘)就可以被直接吸入上呼吸道中,对人体健康造成影响。粒径小于 5 μm 的颗粒物可进入呼吸道的深部;而粒径小于 2.5 μm 的颗粒物(通常称为 $PM_{2.5}$,多为重金属如铅、镉、硫酸盐,多环芳烃等),在空气中停留时间长,飘散范围广,而且能直接被吸入细支气管及肺泡,这就是大家关注 $PM_{2.5}$ 的原因。可吸入颗粒物被吸入人体后,会被累积在呼吸系统中,引发许多疾病。粗颗粒物可侵害呼吸系统,诱发哮喘;细颗粒物可能引发心脏病、肺病、呼吸道疾病,降低肺功能等;不同防尘口罩能隔滤的最小微粒直径及隔阻成功率不同,一些防尘口罩隔滤微粒最小粒径可达 0.3 μm,隔阻成功率可达 95%;而纱布口罩对危害人体最大的、粒径 5 μm 以下的粉尘阻尘效率只有 10% 左右,所以不能用纱布口罩代替防尘口罩。防尘口罩如图 1-2 所示。

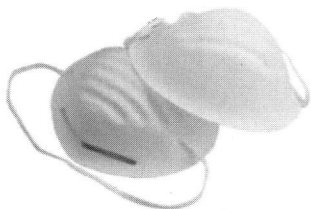

图 1-2　防尘口罩

4. 防毒面罩

(1)活性炭(过滤式)防护口罩

使用活性炭(过滤式)防护口罩(图 1-3)时,可以用正、负压测试的方法测试气密性。

正压测试的方法是,用手掌盖住防毒面具的呼气阀并慢慢向外呼气。如果防毒面具向外轻轻膨胀,面部感到少许压力,没有气体从面部和面具之间泄漏,则表示面具的密封性良好。

负压测试的方法是,用双手手掌或其他大小合适的物体盖住过滤盒或过滤设备的入口并轻轻吸气。如果防毒面具轻微凹陷,且紧贴面部,则表示面具的密封性良好。

(2)过滤式呼吸防护面罩

过滤式呼吸防护面罩在短时间接触有害气体的操作时佩戴,其过滤等级一般为 P2 级和 A2 级,如图 1-4 所示。

图1-3　活性炭(过滤式)防护口罩

图1-4　过滤式呼吸防护面罩

（3）半面式供气面罩

半面式供气面罩在长时间接触有害气体的操作时佩戴。这种类型的防护面罩，呼吸空气的质量与环境空气无关。两侧送风，气流均匀，通过附设的气压计可随时调整最舒适的送风气压，可以随时观察活性炭滤芯的有效性。须配活性炭过滤器、空气加热器、空气加湿器等，如图1-5所示。

（4）全面式供气面罩

其用途、配套装置及特点与半面式供气面罩相同，只不过能够将整个面部全部遮盖起来，实现对头部的完全保护，如图1-6所示。

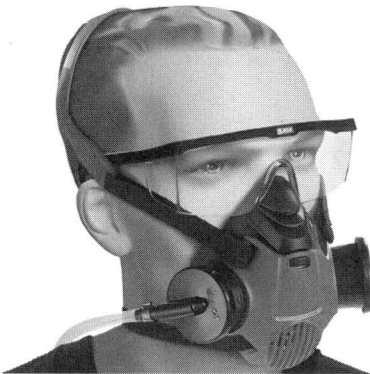

图1-5　半面式供气面罩

图1-6　全面式供气面罩

5. 防护用品

从事汽车涂装作业时要穿戴个人安全防护用品。在工作中采取安全防护措施的成本投入，永远比健康损害和挣钱能力降低的成本损失要低。

（1）防护服

涂装作业的防护服通常分两种：一种是机械危险防护服即普通棉质工作服，如图1-7(a)所示，主要在从事打磨等机械性作业时穿戴，用于防止受到边缘锋利的材料伤害，以及避免一般的机械影响和脏污；另一种防护服为化学防护服，如图1-7（b）所示，主要在从事调漆、喷漆及抛光等作业时穿戴，用于防止涂料、稀释剂及抛光剂飞溅等造成的危害。喷涂作业防护服最好是带帽连体式，用透气、耐溶剂、防静电、不起毛的材料制作，袖口为收紧式。

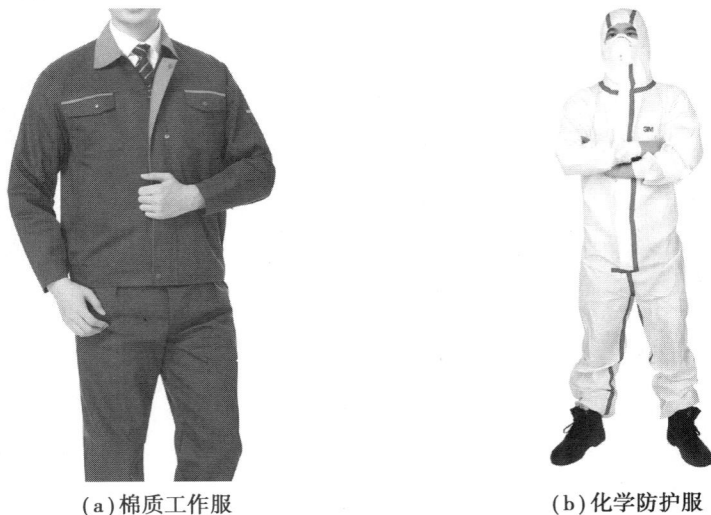

（a）棉质工作服 　　　　　　（b）化学防护服

图1-7　防护服

（2）防护眼镜

防护眼镜又称劳保眼镜，用于防止稀释剂、固化剂、涂料以及打磨灰尘对眼睛造成伤害，如图1-8所示，分为安全眼镜和防护面罩两大类，使用的场合不同所需的防护眼镜也不同。在汽车涂装过程中，使用防护眼镜主要是为了防止打磨除漆时颗粒飞入眼睛，防止使用油漆（如调配油漆、除油）时油漆溅入眼睛，防止喷漆时漆雾、漆尘进入眼睛。

（a）安全眼镜 　　　　　　（b）防护面罩

图1-8　防护眼镜

（3）耳罩或耳塞

涂装作业间的噪声并不是很大，但长期在很小的噪声环境中工作，也会对听力产生损伤，因而应该佩戴耳罩或耳塞予以保护。图1-9所示为佩戴耳罩及其标志。

（4）安全鞋

在设有排水（排漆雾）的金属格栅的喷漆房内作业时，必须穿安全鞋。安全鞋通常具有耐溶剂、绝缘等特性，鞋头和后跟均有内置钢板。图1-10所示为安全鞋及穿安全鞋标志。

图 1-9　佩戴耳罩及其标志

图 1-10　安全鞋及其标志

6. 棉纱手套和耐溶剂手套的作用

工作手套主要有棉纱手套和耐溶剂手套两种。棉纱手套主要用于打磨或处理汽车零件时避免手部伤害,因棉纱手套具有一定的耐磨性,可保护双手以免受到损害。耐溶剂手套(图1-11)主要用于接触涂料、稀释剂时佩戴,防止有害物质通过皮肤渗入人体,适用于在除油、磷化、清洗喷枪等操作时使用。

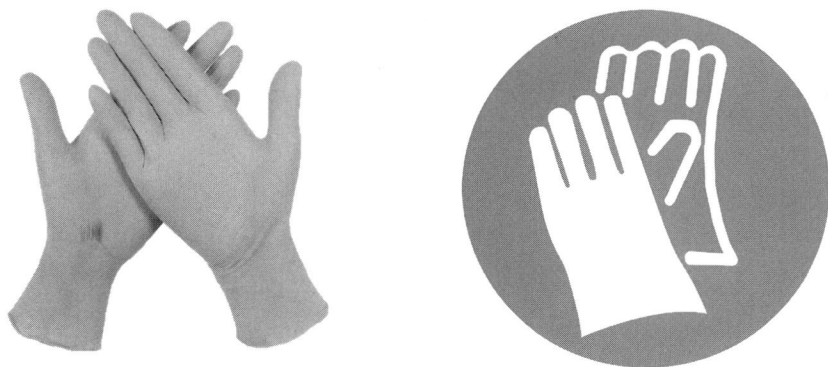

图 1-11　耐溶剂手套及其标志

7. 急救与医护

尽管在技术上和组织方面安全措施已相当周全,但有时仍无法避免事故,也必须考虑到员工突然发病的可能性。因此,急救在发生事故损伤和其他紧急情况时是必不可少的。

人员急救

（1）呼吸困难

当涂装作业人员在工作期间出现呼吸困难的症状时,首先应尽快将其移至室外空气流通处,使其保持呼吸顺畅。然后拍打其肩部,确认其是否还有意识反应。若有意识反应,则应使其保持平躺姿势;若没有意识反应,则应立即寻求救助,并进行人工呼吸。正确的人工呼吸操作步骤如图1-12所示。

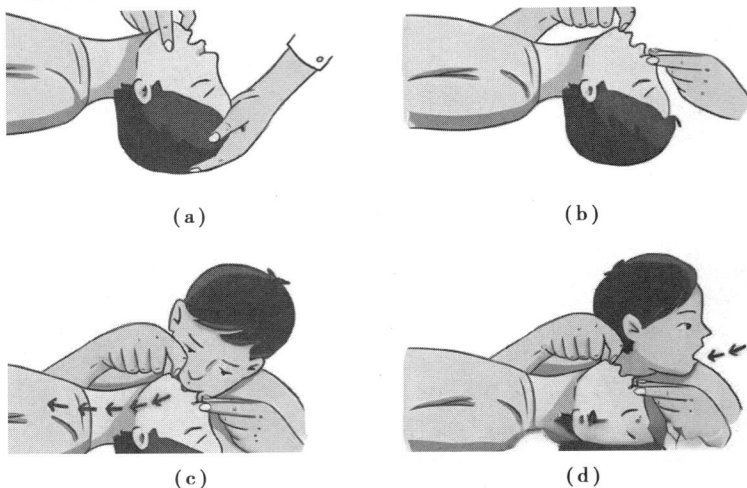

（a）

（b）

（c）

（d）

图1-12　人工呼吸操作步骤示意图

（2）如果溶剂不小心溅入眼睛,应及时处理,减少伤害

①将伤者引到应急冲洗器的水槽边,使其趴伏在水槽边。

②将应急冲洗器喷嘴对准伤者眼睛,轻轻地持续按压喷射按钮,从伤者的鼻子向太阳穴方向用大量清水冲洗眼睛,避免溶剂流入另一只眼睛。冲洗时还可用手指小心地分开伤者的眼睑。

③冲洗直至伤者感到眼睛内没有异物为止,必要时送至医院就诊。

（3）溶剂溅落至皮肤

若油漆、稀释剂、除油剂等物质溅落至衣物并接触到皮肤,应立即脱下被污染衣物,用洗手液或肥皂以及大量清水清洗皮肤。

（4）误食

若误食了涂料、清漆等有害物质,应立即呼叫中毒控制中心或送至医院救治,切勿自行催吐。在等待救治过程中,应使伤者的腹部平放,并为其保暖。

在汽车维修企业、相关培训机构等中,只允许安排在经过认证的救助机构中接受过培训和进修的人员为急救员。只有受过培训的、熟悉各种必要措施的急救人员才能提供有效的急救措施。因此,必须在适当的时间范围内更新急救员的知识并提升其能力。

📖 思考题

1. 喷涂技师应穿戴的劳动防护用品包括哪些?

2. 防毒面罩、防护面罩分别在汽车涂装作业的哪些情景中用到?

3. 皮肤不慎沾上了汽车涂料,如何处理?

		＿＿＿＿＿＿＿＿＿＿任务工单		
1	工作安全			
2	工具设备			
3	工作步骤			
4	注意事项			
5	小结与反思			

任务评价					
学生姓名：			工作任务：		
序号	技术要求	配分/分	学生自我评估	小组评估	教师评估
1	检查防护用品有无缺损,功能是否正常	20			
2	正确测试防护面罩的功能	20			
3	正确穿戴防护面罩	20			
4	正确穿戴其他劳保用品	20			
5	防护手套的使用场景	20			
	合计	100			

任务2　涂装车间安全生产

📖 任务目标

1. 掌握涂装工具、设备的使用方法。
2. 掌握通过多种途径对涂装车间进行"7S"管理。
3. 了解涂装车间安全生产的注意事项。
4. 具备安全生产意识、环境保护意识以及团队协作意识的职业素养。

📖 任务描述

某汽车涂装车间已完成汽车涂装作业,请同学们先按照涂装作业要求完成相应的防护用具穿戴,然后进行灭火器的使用,最后按照汽车涂装车间"7S"管理要求对现场进行整理、整顿、清洁和恢复,如图1-13所示。

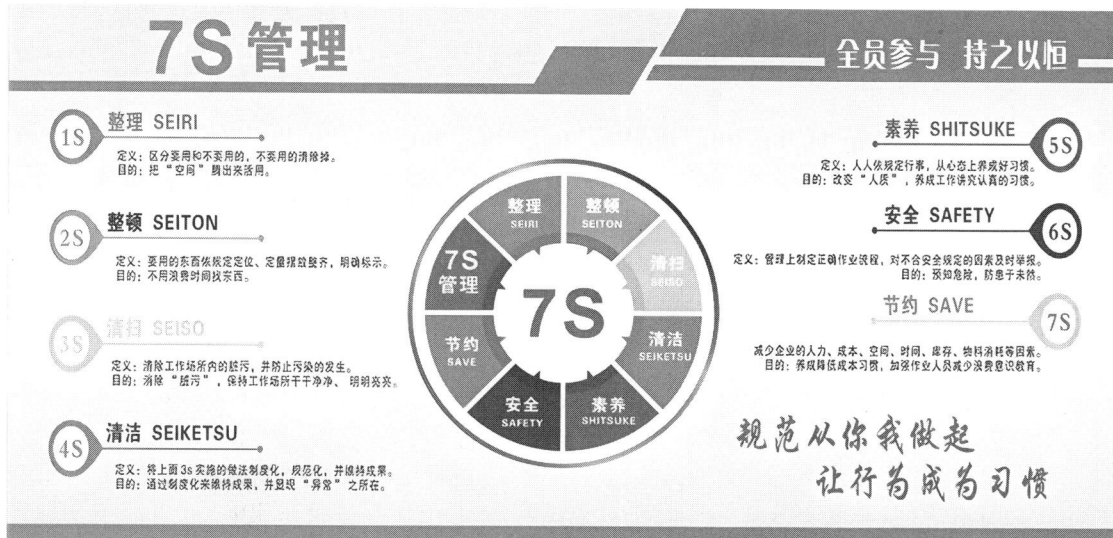

7S管理　全员参与　持之以恒

1S 整理 SEIRI
定义:区分要用和不要用的,不要用的清除掉。
目的:把"空间"腾出来活用。

2S 整顿 SEITON
定义:要用的东西依规定定位、定量摆放整齐,明确标示。
目的:不用浪费时间找东西。

3S 清扫 SEISO
定义:清除工作场所内的脏污,并防止污染的发生。
目的:消除"脏污",保持工作场所干干净净、明明亮亮。

4S 清洁 SEIKETSU
定义:将上面3s实施的做法制度化,规范化,并维持成果。
目的:通过制度化来维持成果,并显现"异常"之所在。

5S 素养 SHITSUKE
定义:人人依规定行事,从心态上养成好习惯。
目的:改变"人质",养成工作讲究认真的习惯。

6S 安全 SAFETY
定义:管理上制定正确作业规程,对不合安全规定的因素及时举报。
目的:预知危险,防患于未然。

7S 节约 SAVE
减少企业的人力、成本、空间、时间、库存、物料消耗等因素。
目的:养成降低成本习惯,加强作业人员的不浪费意识教育。

规范从你我做起
让行为成为习惯

图1-13　某涂装车间"7S"宣传板

📖 任务分析

安全操作规范是在生产过程中保证工作人员作业安全和工具、设备使用安全的规定。汽车涂装大多在充满溶剂气体的环境中作业,不安全因素较多。为了保证生产安全,作业人员必须熟知汽车涂装的作业特点及工具、设备的正确操作方法。

📖 任务准备

物料准备：干粉灭火器、铁桶、易燃材料、打火机等。

人员准备：戴防护面罩、穿安全鞋。

📖 任务实施

手提式干粉灭火器的使用方法如下：

①右手拿压把，左手托底部，将灭火器瓶体上下颠倒摇晃几次，使筒内干粉松动。

②去除铅封，拔除保险销，一手握喷管，一手握压把；站在距起火点 2 m 处，一手用力压下压把，一手握着喷管对准火源根部左右移动喷射，使干粉覆盖整个燃烧区域，直至把火全部扑灭。

③整理现场。

📖 知识链接

1. 为什么要对车间进行"7S"管理

除个人安全防护外，良好的涂装车间"7S"管理也是确保安全生产和精准生产的重要保障，车间"7S"管理包含整理（Seiri）、整顿（Seiton）、清扫（Seiso）、清洁（Setketsu）、素养（Shitsuke）、安全（Security）和节约（Save）7 个项目。其通过各种途径规范现场、现物，营造一目了然的工作环境，培养员工良好的工作习惯，最终目的是提升人的品质，养成良好的工作习惯。

2. 为什么在汽车涂装车间要注意安全生产

在汽车涂装作业过程中，涂料中的挥发性有机溶剂会持续挥发至空气中，形成浓度不定的可燃蒸气。由于涂装车间通常属于密闭或半密闭空间，当作业环境通风不良或溶剂挥发速率超过排风系统处理能力时，蒸气浓度可能逐渐累积并达到其爆炸极限。此时若存在明火、静电火花或电气设备火花等点火源，极可能引发爆炸。据统计，涂装车间 76% 的火灾爆炸事故与静电放电有关，烘房漆渣自燃事故占比达 35%。

此外，长期接触苯类溶剂会对人体健康造成严重危害。苯作为 I 类致癌物，可通过呼吸道、皮肤和消化道进入人体，长期暴露会使骨髓造血功能受损，导致白细胞异常增生，进而引发白血病、再生障碍性贫血等恶性血液疾病。同时，涂装作业中产生的漆雾含有大量可吸入颗粒物和有机溶剂，长期吸入会导致慢性支气管炎、肺纤维化等呼吸道疾病，并可能损伤神经系统。这些职业病的发生具有渐进性和不可逆性，必须通过排风系统控制、个人防护（防毒面具、防护服等）和健康监护（定期体检）等综合措施加以预防。因此，在涂装作业场所应做好防火、防爆、防污染等措施，以避免发生安全事故，保证工作人员的健康。

3. 汽车在厂内安全注意事项

①在汽车上作业时，汽车的制动装置必须处于制动状态，防止溜车。

②在汽车下面作业时，必须先将汽车稳固地支离地面。

③不宜对刚进厂的车辆马上进行作业，以免被排气管、散热器、尾管等灼热物烧伤。

④在车间内移动汽车时，一定要查看四周。

4.如何保障汽车涂装车间安全生产

①配备足量、有效的消防安全器材,包括消防栓、烟雾传感器、温度传感器和灭火器等。灭火器可配备 B 类火灾即易燃液体火灾的液态二氧化碳灭火器、干粉灭火器(ABC 干粉灭火器或 BC 干粉灭火器)和泡沫灭火器。

液态二氧化碳灭火器(图 1-14)具有不含水分、不导电、不损害物质、不留污迹等特点,适于扑灭电器、精密仪器、图书馆、档案馆等场所的火灾,使用时要小心避免接触液态二氧化碳,以免被冻伤。因为使用二氧化碳灭火时,会减少火场的氧气量,所以在空气不流通的环境下使用二氧化碳灭火会影响呼吸,不适合长时间使用,使用后必须尽快离开现场;维护方面,每月须检测一次,液态二氧化碳灭火器质量减少 5% 时,须补充二氧化碳气体,故汽车维修企业较少配备。

泡沫灭火器喷出的泡沫中含有大量水分,故不适用于电气设备火灾,而烤漆房内有动力系统和很多照明灯,使用时需要非常小心。故汽车维修企业一般更适合配备 ABC 干粉灭火器或 BC 干粉灭火器,如图 1-15 所示。灭火器放置位置需要在明显位置做标识,还需要在灭火器上附维护表,以记录维护信息。另外需要注意灭火器的保质期,手提式干粉灭火器(储气瓶式)保质期一般为 8 年,手提储压式干粉灭火器保质期一般为 10 年,推车式干粉灭火器(储气罐式)保质期一般为 10 年,推车储压式干粉灭火器保质期一般为 12 年。

图 1-14　液态二氧化碳灭火器　　　图 1-15　干粉灭火器

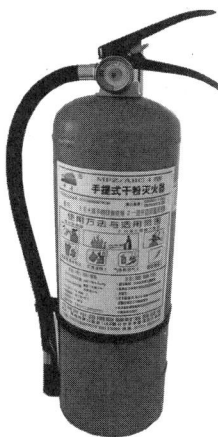

②常用灭火法。

a. 移除或隔离火源,使之熄灭。

b. 隔绝空气(即切断氧气供给)使之窒息,例如,将二氧化碳气体直接喷射到燃烧物体上。

c. 用冷却法使被燃烧物体的温度降到着火点以下。

d. 若身穿的工作服着火,切勿惊慌失措,应就地打滚将火熄灭。

③在涂料库房等涂料存储量大、有机挥发物浓度比较大的区域,应使用防爆电气设备;并安装排风设施,排风频率要达到每小时换气 3 次,排风设施要保持常开。

④采用防静电环氧地坪,避免静电引起火灾。

⑤调漆机、洗枪机等设备应采取防静电接地措施。

⑥在涂装作业现场不要存放过多的涂料,用完的涂料要及时密封,避免过多溶剂挥发。

图1-16　防火垃圾桶

⑦及时清理涂装作业现场产生的沾有易燃溶剂的物料,将其丢弃在专业的油渍废弃物防火垃圾桶内(图1-16)。防火垃圾桶由于整体采用镀锌钢板结构,内外壁均喷涂环氧树脂涂层,并采用脚踏式开关,具有良好的封闭性能,能可靠存放油渍废弃物,防止火灾。

⑧涂装作业现场及调漆间应安装排风设备以保持良好通风,调漆间排风频率应达到每小时换气9～12次。

⑨开封涂料要密封存放在具有消防认证的防爆柜内。

⑩施工时,穿戴合适的防护用具。

5. 设备的安全使用

设备的使用也是生产安全中很重要的一项内容,很多工伤事故都是由设备的违规操作造成的。使用设备时一定要严格按照使用说明书的要求操作,尤其是新的设备,使用前,一定要将它的性能了解透彻。

用电安全操作如下:

①涂装车间照明设备应做防爆处理,工作灯必须使用36 V以下的安全电压。

②室内开关应为防爆开关,且操作灵活轻便。

③大功率电器插座应为防爆插座。

④空调开关、普通开关、配电箱应安装在工作车间外。

空气压缩机安全操作如下:

①空气压缩机应设专人使用和管理。

②使用前认真检查空气压缩机、电动机及其控制装置并开机试运转片刻,一切正常后方能投入使用。

③按规定程序启动空气压缩机。启动后应认真检查其运转状况并观察气压表读数。若发现异常,应及时排除。

④禁止工作人员在工作期间与其他人员闲谈或随意离开机房。

⑤非专管人员不得随意开动机器。

汽车涂装经常使用电动、气动工具,对于这些设备的使用要遵循以下安全操作注意事项。

①工作场所应该清洁无杂物,杂乱无章的工作环境会导致事故。

②不要在易燃易爆场所使用电动工具,在潮湿场所使用电动工具时要认真做好电路的绝缘工作。

③与作业无关的人员不要靠近工作场所,尤其是幼童。

④工作时衣服穿戴要合适,不要让松散的衣角或长链首饰卷入旋转工具的转动部分。长发者应戴工作帽。

⑤用绝大多数的电动工具作业时,均须佩戴护目镜;进行粉尘飞扬的切削作业时,须佩戴防尘面罩。

⑥不要手握电线提起电动工具,也不要强行拉扯电线使插头从电源插座中拆除。要保证电线与热源和油液隔开,并避免与锐利的边缘接触。

⑦不使用时、维修前以及更换附件前,一定要拔下电源插头。

⑧一旦插头插入电源插座,手指就不可随便接触电源开关,以防止误接通开关。插接电

源之前,要确定开关处于切断状态。

⑨保持高度警觉,密切注意所进行的作业,集中注意力。疲惫时不要使用电动工具。

⑩工具应妥善维护,保持工作部位清洁,以达到更好、更安全的使用状态。应按规定加注润滑脂、更换附件。线缆应定期检查,如发现破损应立即修补。手柄要保持干燥,并防止黏附油脂类的脏污。

⑪不使用的电动、气动工具要妥善保存,存放地点应干燥并加锁。

⑫尽量使用220 V电源,若必须使用380 V电源,则应确保地线连接可靠。

⑬使用前检查所用电压是否与铭牌标识相符。

思考题

1. 车间"7S"管理包含哪7个项目?

2. 奉行车间"7S"管理可以创造哪些效益?

3. 汽车涂装企业应该具备的维修条件包括哪些?

		任务工单
1	工作安全	
2	工具设备	
3	工作步骤	
4	注意事项	
5	小结与反思	

任务评价					
学生姓名：		工作任务：			
序号	技术要求	配分/分	学生自我评估	小组评估	教师评估
1	必要的物品和不必要的物品要分开	5			
2	生产现场不用(一个月以上未用)的涂料及时清走	5			
3	必要的物品要分类摆放	5			
4	物品(设备、仪器、工具、办公用品、文件、记录、日常用品等)整齐摆放	5			
5	涂料按标识或区域线定置存放	5			
6	生产现场水杯应统一放置,非就餐时间段生产现场未摆放饭盒、衣帽等私人物品	5			
7	按要求分类放置垃圾	5			
8	地面没有烟蒂、烟灰、纸屑、碎玻璃等杂物	5			
9	门、窗、墙壁、天花板(6 m 以下)、各类物品、设备(4 m 以下)、设施(空调、饮水机、灯具等)没有蜘蛛网、灰尘、污垢、霉点、茶渍等	5			
10	没有老鼠、苍蝇、蟑螂等其他有害生物	5			
11	车间灭火器配备齐全	5			
12	其他条款参照安全生产考核内容及评分标准	5			
13	配备洗手膏、紧急喷淋装置	5			
14	能按要求洗手,洗手设施整洁且能正常工作	5			
15	室内无不良气味	5			
16	清洁工具按定置区域规范摆放,垃圾桶干净,水管卷好	5			
17	按规定穿防护服,戴工作帽和口罩、穿安全鞋	10			
18	不戴戒指等饰物,不留长发、长指甲,不涂指甲油等	5			
19	工单填写整洁、正确	5			
	合计	100			

项目二
漆前底处理

【项目描述】

底处理又称表面预处理，是汽车涂装工艺的首要步骤，汽车漆面修补同样如此。应根据被涂物的用途、材质、要求和表面状况，采用与其相适应的处理方法。底材处理质量将直接影响漆膜涂层的质量。只有底材经过适当处理，确保其表面无油、无锈、无其他污物，并具有一定的粗糙度，才能使涂料牢固地附着在底材上。因此，正确、规范的底处理是保证涂层使用寿命及质量的重要环节。

任务 1　评估损伤漆膜表面

📖 任务目标

1. 了解清洁剂的选用原则。
2. 熟悉清洁剂清洁除油的注意事项。
3. 能正确对损伤的车漆面进行清洁除油及打磨前的遮蔽保护。
4. 掌握损伤评估的方法并对损伤面进行正确评估。

漆膜损伤程度评估

📖 任务描述

某汽车涂装车间现有一车门板件，其表面出现划痕损伤（图 2-1），请同学们先对该车门板件进行清洗，然后依次正确完成防护用品穿戴。车门板件在评估损伤前需要清洁除油，因此同学们需根据气温及油漆厂商说明书选择正确的清洁剂。对车漆损伤表面完成评估损伤后，还需对修复工件进行一定范围内的遮蔽保护。

图 2-1　某汽车车门出现划痕损伤

📖 任务分析

首先，同学们需掌握清洁剂选择的基本原则和用清洁剂清洁工件表面的正确方法；其次，要对工件表面进行正确评估，即检验钣金工作是否合格以确定变形区的工作范围和涂料的类型；最后，需用遮蔽胶带对打磨范围进行遮蔽保护。

📖 任务准备

物料准备：防静电喷漆服、防尘口罩、防毒面具、耳塞（罩）、棉纱手套、耐溶剂手套、安全鞋、护目镜、清洁剂、除油剂、直尺、打磨板和遮蔽胶带。

人员准备:教材、笔、工单。

📖 任务实施

1.准备工作

车辆进入喷涂车间前,在洗车工位对全车进行清洗。以清除汽车表面灰尘、脏物,避免将灰尘带入喷涂车间,并有利于下一步工作。作业人员佩戴安全眼镜、活性炭防护口罩、防溶剂手套和穿安全鞋,如图2-2所示。

根据油漆厂商产品说明书,选择适合该阶段使用的清洁、除油能力较强的清洁剂。气温高时应选择慢干清洁剂以避免清洁剂挥发过快。

2.清洁除油

如图2-3所示,使用两块专用清洁布清洁,先用一块蘸清洁剂的清洁布,擦拭工件表面,再用另一块清洁布擦干。或使用耐溶剂的塑料喷壶将清洁剂喷涂在工件表面,再用一块干清洁布擦干。

图2-2 作业人员清洁除油时的安全防护　　图2-3 喷涂清洁剂

3.检验钣金工作是否合格,确定变形范围

可以借助光照,从侧面目视判断变形区域范围。确定变形范围的目的是确保打磨除漆羽状边的范围合理,避免常见的打磨除漆范围过小的问题。也可以将直尺、打磨板等平放在变形区域,检查变形区域范围及深度,确保深度在原子灰可刮涂厚度范围内(1~3 mm)。另外,须检查变形区域是否有高点,如果有高点需要用合适的钣金工具重新进行钣金作业至合格。

4.确定涂料类型

使用干净白布,蘸硝基稀释剂擦拭损伤部位的漆膜,如果漆膜掉色或擦拭后出现较严重失光,则说明旧漆膜可能采用的是硝化纤维素(硝基)漆或热塑性丙烯酸涂料等溶剂挥发性涂料,或者采用了氧化聚合型或双组分聚合型涂料,但由施工不当或施工条件原因使聚合反应不够充分,导致还可以被溶解。为了避免将来喷涂时出现咬底,对于以上情况的漆膜可以采用两种处理方法:一种是打磨去除至金属;另一种是打磨后喷涂隔离性较好的中涂底漆封闭隔离,中涂底漆完全干燥后打磨喷涂面漆,也可以打磨去除上层被擦拭掉的漆膜后,保留下层没有问题的涂层,然后喷涂隔离性较好的中涂底漆。

5. 打磨前的遮蔽保护

对待修复工件进行打磨前,应如图 2-4 所示,对与待打磨工件相邻的工件(如车灯、车窗胶条、装饰件、防撞条等非修理部位)进行保护。为了防止这些部位被误打磨导致不必要的损伤,并带来不必要的修复工作,可使用遮蔽胶带进行保护遮蔽,保险起见可以贴两层遮蔽胶带。

图 2-4　打磨工件前使用遮蔽胶带进行遮蔽保护

📖 知识链接

1. 清洁剂选择的原则

清洁剂是多种有机溶剂的混合物,能够溶解车身表面的美容蜡、硅化物、油脂等污染物,且挥发速度较慢,这样在清洁剂溶解了污染物后操作者就有足够的时间用干布擦去清洁剂。不能用某种稀释剂或洗枪用香蕉水代替清洁剂清洁车身表面。普通的稀释剂溶解力较弱,起不到去除各种污染物的作用;而香蕉水中的苯、甲苯、二甲苯、异戊酯等成分对人体危害较大,且杂质较多,对车漆破坏力强,所以不适合用于车身清洁。

2. 清洁剂擦拭注意事项

一次擦拭面积不要过大,以免清洁剂自行挥发,使被清洁剂溶解的污染物回到工件表面。不正确的除油清洁方法一般是表面润湿程度不够,无法将表面油脂溶解并在擦拭时除去,导致喷涂时擦拭痕迹位置出现鱼眼。表面润湿程度不够的原因往往是清洁剂用量不足,或擦拭速度太快。

3. 新塑料保险杠的清洁除油

对于没有涂装塑料底漆的新塑料保险杠来说,需要选择能清除塑料表面脱模剂的清洁剂,将塑料清洁剂按照厂商产品说明书要求与自来水混合,用菜瓜布蘸清洁剂打磨、清洁保险杠表面脱模剂,然后用清水清洗干净。

📖 思考题

1. 使用清洁剂除油的要点是什么?
2. 打磨前应该对哪些部位做贴护?

		任务工单	
1	工作安全		
2	工具设备		
3	工作步骤		
4	注意事项		
5	小结与反思		

任务评价					
学生姓名:		工作任务:			
序号	技术要求	配分/分	学生自我评估	小组评估	教师评估
1	能对车门板件进行干净的清洗	15			
2	正确选择清洁剂并穿戴安全防护用品	15			
3	正确地进行清洁除油	15			
4	正确地进行漆面损伤评估	15			
5	正确地进行漆面类型评估	15			
6	正确地对车辆进行遮蔽贴护	15			
7	按照车间"7S"管理正确地进行操作	5			
8	正确地填写工单	5			
	合计	100			

任务 2　预处理损伤表面

📖 任务目标

1. 掌握旧漆膜研磨的技能。
2. 掌握羽状边打磨的技能。
3. 掌握羽状边打磨的合格标准。
4. 具备安全操作意识、环境保护意识以及团队协作意识的职业素养。

机械打磨

📖 任务描述

　　某汽车涂装车间已完成对汽车板件工件表面的损伤预处理,现按照作业要求,要求同学们完成相应的防护用品穿戴,然后对板件损伤表面进行旧漆层的去除以及羽状边的打磨,最后判断自己的羽状边打磨(图 2-5)是否合格并将结果填写在工单上面。

图 2-5　羽状边打磨

📖 任务分析

　　由于汽车板件工件的工作表面已完成损伤评估及基本的预处理,在去除旧漆层前,仍须先对其进行清洁除油处理,然后对损伤表面进行损伤涂层的去除及羽状边的打磨,最后对其进行清洁脱脂。

📖 任务准备

　　物料准备:防静电喷漆服、防尘口罩、防毒面具、耳塞(罩)、棉纱手套、耐溶剂手套、安全鞋、护目镜、清洁剂、除油剂、无纺布、打磨机、砂纸等。

　　人员准备:教材、笔、工单。

📖 任务实施

1. 佩戴防护用品

如图 2-6 所示,去除旧涂层、打磨羽状边时,须佩戴棉纱手套、防尘口罩、防护眼镜和穿安全鞋,并对其进行清洁除油处理。

图 2-6　去除旧涂层、打磨羽状边时的安全防护措施

2. 去除旧涂层

如图 2-7 所示,使用单动作打磨机或偏心距 7～12 mm 的双动作打磨机配合 P80 干磨砂纸进行打磨、去除旧涂层。损伤区域较小时,可以使用偏心距 7 mm 的双动作打磨机配合 P120 干磨砂纸进行打磨、去除旧涂层。对于损伤区域中无法机械打磨去除的旧涂层,可以用手工打磨或用铲刀铲除,但需注意不要造成金属面变形。

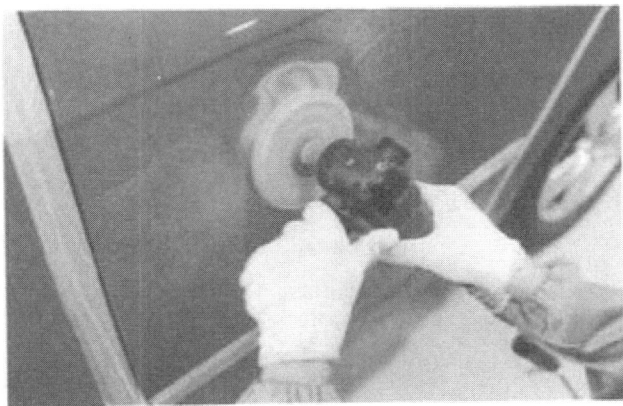

图 2-7　使用 P80 干磨砂纸打磨、去除旧涂层

3. 打磨羽状边

如图 2-8(a)所示,选用偏心距为 7 mm 的打磨机打磨羽状边,砂纸的选择顺序为 P80、P150、P240 和 P320,也可选用 P120 代替 P150 的砂纸。打磨时可根据实际情况进行选择。

在打磨时,用打磨机的 1/3 面积采用从外向内的打磨方法,顺着打磨机旋转的方向顺时针打磨。打磨过程中,要用手反复触摸打磨表面,检查羽状边各个方向是否平滑。羽状边打磨结束后,选择 P320 的砂纸磨毛羽状边最外缘 5 cm 左右的旧涂层,以便刮涂原子灰。如图 2-8(b)所示,打磨后的羽状边应手感光滑、无台阶。最终使羽状边的轮廓整体圆滑、无尖角斜坡。

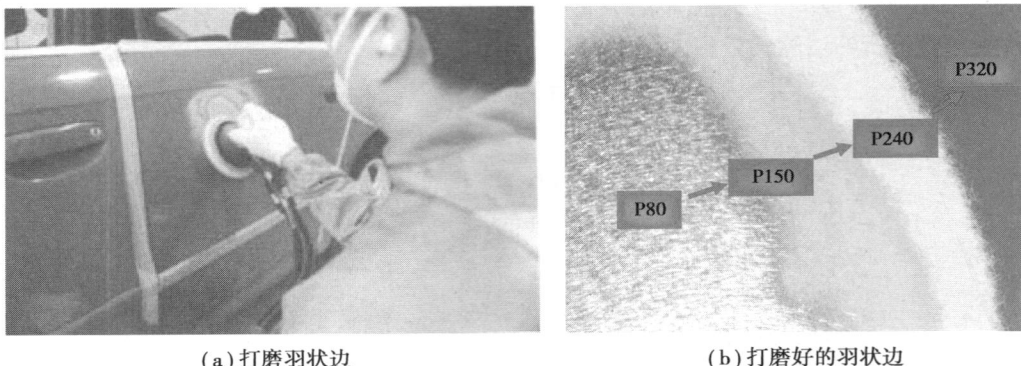

（a）打磨羽状边 　　　　　　　（b）打磨好的羽状边

图 2-8　打磨羽状边

4.清除油脂

打磨羽状边工作结束后,用吹尘枪将板件表面粉尘吹干净,再清洁除油。

📖 知识链接

1.打磨羽状边的意义

损伤部位的旧涂层已经受损,为了确保原子灰与基材附着牢固,在刮涂原子灰前需将受损的旧涂层完全清除,并将未受损的旧涂层打磨出羽状边。

2.未造成金属变形的羽状边的处理

对于未造成金属变形且深度在 20 μm 以下的划痕,可以使用偏心距为 4~6 mm 的双动作打磨机配合 P240~P320 干磨砂纸将划痕磨除,同样打磨出羽状边,然后施涂中涂底漆填补,不必刮涂原子灰。

3.羽状边打磨的合格标准及判断方法

羽状边打磨的合格标准是宽度须达到 20~30 mm,用手按照标准检查方法检查时比较平滑。图 2-9 所示的 3 个不同羽状边中,最右侧的一个是正确的羽状边。

图 2-9　不同羽状边的对比

用手检查羽状边是否平滑,应沿手指、手掌方向纵向检查,这样才能通过手掌、手指的敏感区域(图 2-10)感知表面是否凹凸不平。

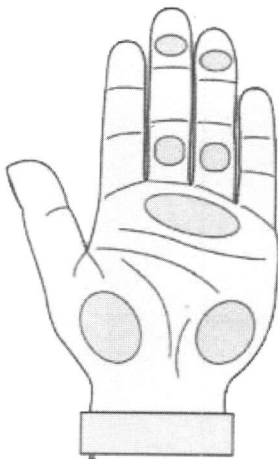

图 2-10　用手感知凹凸不平的敏感区域

思考题

1. 为什么要对损伤部位打磨羽状边?
2. 对于凹陷损伤,刮涂原子灰前应使用什么打磨机及砂纸打磨羽状边?
3. 羽状边打磨的合格标准是什么?

		＿＿＿＿＿＿＿＿＿＿＿＿＿＿＿任务工单	
1	工作安全		
2	工具设备		
3	工作步骤		
4	注意事项		
5	小结与反思		

任务评价					
学生姓名：			工作任务：		
序号	技术要求	配分/分	学生自我评估	小组评估	教师评估
1	能正确地对车辆进行清洁除油	20			
2	能正确去除损伤的涂层	20			
3	能正确对羽状边进行打磨	20			
4	能正确对工件进行清洁脱脂	20			
5	能正确按照车间"7S"管理规定进行操作	10			
6	工单填写正确、整洁	10			
	合计	100			

项目三
底漆的涂装

【项目描述】

对局部损伤至钢板的漆膜进行打磨处理后，应对裸露钢板的表面涂装底漆。为了能够顺利喷涂底漆，必须将其准备至适合喷涂的状态。为此需要选择合适的涂料，并对涂料进行包装的开启、上架摆放及调制等一系列操作。

任务 5　准备底漆

📖 任务目标

1. 了解底漆的作用、性能要求及其种类。

2. 能够根据具体涂装的条件正确选配涂料。

3. 能够根据涂料产品的不同包装方式,选择合适的工具与方法进行涂料产品开封、搅拌头安装及搅拌。

4. 具备安全生产意识、环境保护意识以及团队协作意识的职业素养。

底漆的作用、
种类与选配

📖 任务描述

现有一辆左侧前车门局部轻微受损变形的事故车辆(图 3-1),已经对受损部位进行了打磨预处理,按照涂装工艺流程,本任务需要根据底材选用合适的底漆进行涂装作业。

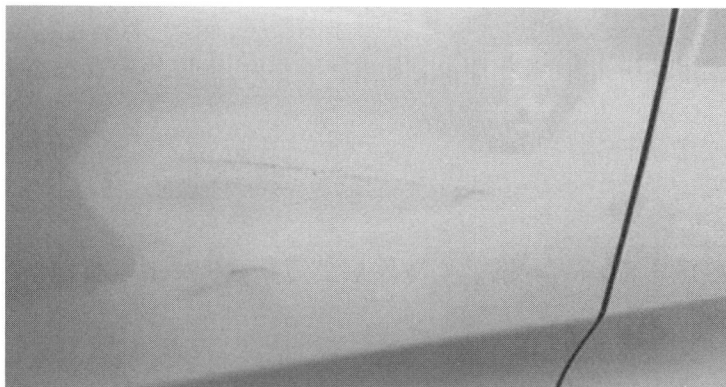

图 3-1　左侧前车门损伤变形

📖 任务分析

为了能够喷涂底漆,底漆必须准备至适合喷涂的状态。为此需要选择合适的涂料,并对涂料进行包装的开启、上架摆放及调制等一系列操作。

📖 任务准备

物料准备:板件,除油布,装有除油剂的耐溶剂喷壶,各型号打磨机,P80、P120 等不同型号的砂纸。

人员准备:穿戴化学防护服、胶手套、防护面罩、护目镜、安全鞋。

📖 任务实施

1. 按要求正确穿戴防护用品

（1）正确穿戴工作服、耐溶剂手套。

（2）做好物料准备。

2. 调配底漆

准备配制底漆的工具和设备、按照产品手册的要求配制底漆，底漆、固化剂和稀释剂必须按产品手册的比例量取。如果在气温相对较高或较低的地区，也可考虑使用与产品配套的慢干或快干固化剂和稀释剂。

3. 整理工作

施工结束后，按"7S"要求整理设备和场地，保持场地清洁。

📖 知识链接

1. 底漆的作用与性能

底漆即底涂层用漆，一般直接涂覆在施工物体表面或涂于腻子表面。其作用是：一是防止金属表面氧化腐蚀，二是增强金属表面与腻子（或中间涂层、面漆）、腻子与面漆之间的附着力。

合适的底漆是面漆耐久、美观的前提。如果底漆不好，面漆的外观就会受影响，甚至出现裂纹或剥落。

底漆的性能要求如下：

①对经过表面处理的工件表面应有很好的附着力，所形成的底漆漆膜应具有极好的机械强度。

②底漆本身必须是腐蚀的阻化剂，底漆涂层必须具有极好的耐腐蚀性、耐水性（耐潮湿性）和抗化学试剂性。

③与中间涂层和面漆涂层的配套性应良好。

④底漆应能适应汽车涂装工艺的大量流水线生产的特点，并具有良好的施工性能。

2. 底漆的种类

在汽车修补涂装中，用于金属表面的底漆主要是环氧底漆和侵蚀底漆两种产品。

（1）环氧底漆

环氧底漆是以环氧树脂为主要成膜物质制成的底漆，优点是附着力极强，对各种金属、塑料、碳素纤维等底材都有很好的附着力，涂膜韧性好，耐久性、耐热性良好，耐化学品性优良。环氧树脂类涂料的缺点是耐候性差，表面粉化较快，故主要用于防锈底漆。一般环氧底漆使用胺类作为固化剂，较为慢干，使用异氰酸酯固化剂的环氧底漆所使用的固化剂和其他双组分中底漆相同，且较为快干。行业内也有自喷罐包装的单组分环氧底漆，用于小面积快修时直接快速喷涂裸金属部位后湿碰湿喷涂面漆，可以大大提高涂装效率并节约洗枪时间，这种产品可直接喷涂于裸金属，包括镀锌钢板、铝合金，也可以喷涂于玻璃纤维和原子灰上，还可以用于喷涂中涂底漆前喷涂于裸露金属上提高附着力和防锈性。

使用前摇晃气雾罐大约 2 min，能听见罐中混合钢珠的声音即说明已经混合均匀，可以喷涂。由于自喷罐包装的环氧底漆为单组分,故不能在上面刮涂原子灰。

（2）侵蚀底漆

侵蚀底漆的代表产品为磷化底漆,常用的磷化底漆和活化剂分开包装,使用时混合活化剂,喷涂一道,涂膜厚度达 10 ~ 15 μm 即可,过厚反而会影响涂膜质量。磷化底漆的活化剂为酸性,包装为塑料罐,调配时一定要使用塑料调漆杯。涂装后能与金属表面通过化学反应生成一层不导电、多孔的磷化膜,从而能提高底漆对金属表面的附着力、耐蚀能力及热老化性能,适用于多种金属,如钢、铝合金、铜等,但由于成膜很薄,一般不能单独作为底漆使用,必须与其他底漆配套使用。磷化底漆一般闪干 15 min 即可喷涂中涂底漆或者面漆,喷涂时,需参考具体产品的使用说明。

3. 免磨底漆

（1）整板喷涂免磨底漆

对于新的车身金属部件和新的塑料保险杠,为了使面漆更好遮盖,减少面漆用量,保证面漆的亮度和饱满度,达到原漆效果,以及为了提高涂膜的抗石击能力,在维修涂装时都需要整板喷涂中涂底漆。当这两种情况的部件没有大的损伤,即没有大面积的原子灰时,喷涂可调灰度免磨底漆是一种非常高效的先进做法。

使用免磨底漆的做法,一个新车门能节约 47% 的时间,见表 3-1。

表 3-1　免磨底漆和普通底漆做法用时对比

阶段	普通做法	时间/min	免磨底漆	时间/min
打磨	内外打磨	20	只对外板轻磨	10
中涂底漆	遮蔽膜	130	遮蔽膜	70
	中涂底漆自然干燥		自流平中涂底漆（免磨）	
漆面前处理	打磨	70	—	0
	遮蔽膜			
面漆	底色漆+清漆	30	底色漆+清漆	30
红外线烘烤	烘烤	20	烘烤	20
抛光	点磨点抛	30	点磨点抛	30
合计		300		160
节约时间				140

喷涂免磨底漆需使用喷枪口径为 1.4 mm 的底漆喷枪,通常湿喷一层或喷涂一个双层即可,喷枪气压设定见表 3-2,具体喷枪参数设定需参照涂料厂商产品资料及喷枪厂商产品使用资料。

表 3-2　喷涂免磨底漆喷枪气压设定

喷枪	枪尾气压/kPa
传统喷枪	300 ~ 370
低流量中气压喷枪	200 ~ 250
高流量低气压喷枪	150 ~ 200

（2）局部喷涂免磨底漆

对于无须整板喷涂的工件，例如，工件其他部位旧漆完好，只是有小面积原子灰和打磨划痕、瑕疵后的羽状边，可以局部修补喷涂免磨底漆。为了防止免磨底漆边缘粗糙、橘皮严重影响面漆的效果及质量，修补免磨底漆要采用如同面漆局部修补同样的手法，以确保接口部位无粗糙漆尘。

需要时，可以在修补区喷涂完免磨底漆后，在接口部位喷涂一些驳口水，以溶解接口部位的粗糙漆尘，干燥后可用粘尘布粘除修补区域附近的漆尘，确保喷涂效果。

4. 涂料的调制工具

按照涂料生产商技术说明书配置涂料，这里介绍调漆比例尺、调漆杯、涂料搅拌机的使用方法。

（1）调漆比例尺

为了避免涂料、稀释剂等的称重调配，涂料生产厂商提供了涂料调配比例尺，便于调漆工简化操作。如图 3-2 所示的调漆比例尺选用铝质底材，每边用不同颜色蚀刻上不同比例的刻度，其中左边是为调配比例为 2∶1∶5%、2∶1∶10% 的两种产品设计的，即主剂（清漆、中涂底漆）∶固化剂∶稀释剂＝2∶1∶5%、2∶1∶10%；右边则是为 4∶1∶1 的产品设计的，即主剂∶固化剂∶稀释剂＝4∶1∶1。

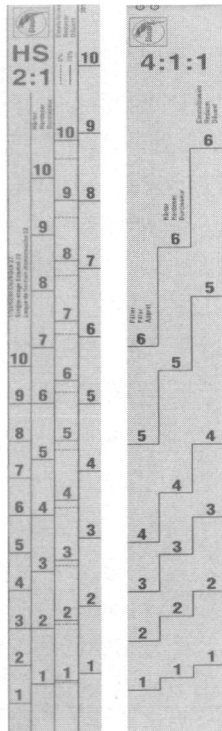

图 3-2　调漆比例尺

例如，混合比例为 4∶1∶1 的底漆调配方法如下：

①将比例尺放置于调漆杯内，用手扶正，如图 3-3 所示。

②选择标有 4∶1∶1 的一面，假设底漆的用量为 3，把底漆倒进容器至左边第一列刻度 3，然后将固化剂倒入至第二列刻度 3，其比例刚好是 4∶1。

③加入稀释剂至第三列刻度虚线刻度 3，则各成分的加入比例就是 4∶1∶1。

④各成分加好后，一定要充分搅拌均匀。

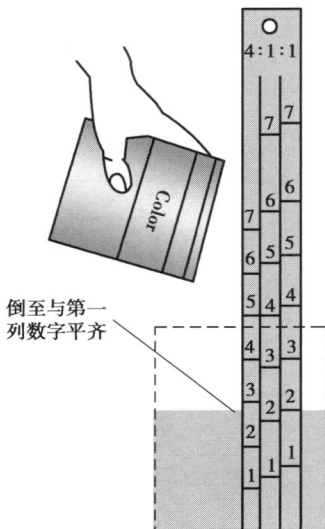

图 3-3　用比例尺调制涂料

（2）调漆杯

专用的调漆杯为透明的塑料,表面有用于指示调漆的刻度,相当于比例尺,如图3-4所示,使用时加入各成分直接观察刻度即可。

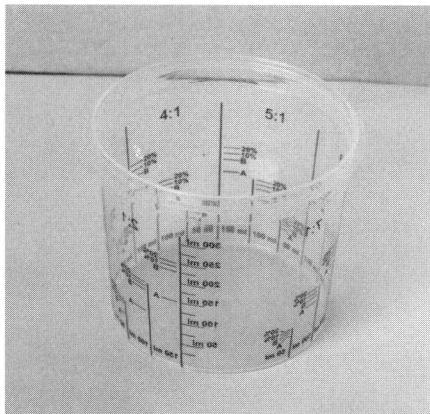

图3-4　调漆杯

（3）涂料搅拌机

涂料搅拌机是专门为搅拌涂料(色母)而设计的机器,如图3-5所示。使用时,只需启动搅拌电动机,即可完成机架上安装的所有涂料罐的搅拌,搅拌迅速、均匀、省力。

图3-5　涂料搅拌机

如果使用涂料搅拌机进行涂料的搅拌,应按下述程序准备涂料。

①用专用工具或一字螺钉旋具,沿着涂料罐盖周边(此种涂料罐均为整体式顶盖,如图3-6所示)撬起顶盖并拆下。

②将合适规格的专用搅拌头(图3-7)压装于涂料罐顶部,注意涂料出口的方向应面向涂料说明签的侧面[图3-8(a)],以防止涂料流滴于说明签上而影响阅读。将搅拌头上面的锁紧扳手[图3-8(b)]向中心方向拧到底,即可将搅拌头固定在涂料罐上。

③将带有搅拌头的涂料罐安装于涂料搅拌机架上。搅拌机框架一般设计成4~6层,各层的高度是按照涂料罐的高度尺寸设计的,摆放涂料罐时,应根据所安装的涂料罐规格,选择合适的层,并确认机架上的搅拌蝶形头与涂料罐搅拌头上的卡口销之间位置正确,使蝶形头

能够顺利带动搅拌头旋转。

④启动搅拌机,进行涂料的搅拌,同时观察是否有没被带动搅拌的涂料罐,如果有,应调整位置。

图3-6 一字螺钉旋具

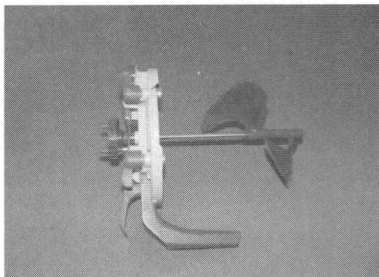

图3-7 专用搅拌头

（a）

（b）

图3-8 将搅拌头固定在涂料罐上

涂料搅拌机使用注意事项如下:

①在首次启用设备前,请认真阅读安全操作规程,不要让未成年人接近设备。所有维护工作必须先停机并关闭电源,严禁未拔掉插头或运转时进行维护。

②所用的涂料罐应与设备相配套,所有涂料罐都不应有变形。

③把涂料罐安装在设备上面之前,应确保涂料罐上的搅拌头已盖紧。

④更换任何涂料必须先手动彻底搅拌,然后放置在搅拌机上搅拌。

⑤检查是否有障碍物影响设备的正常运转,以保证安全。

⑥不要用可燃性液体来清洁设备。

⑦设备不能用于处理其设计范围之外的任何产品。

⑧每天早晨工作前,启动搅拌机工作15 min,下午工作前再搅拌10 min。

📖 思考题

1. 底漆有哪些作用？什么情况下应该喷涂底漆？

2. 什么情况下应使用免磨底漆？

3. 使用涂料搅拌机时,有哪些注意事项？

		_____任务工单		
1	工作安全			
2	工具设备			
3	工作步骤			
4	注意事项			
5	小结与反思			

任务评价					
学生姓名：			工作任务：		
序号	技术要求	配分/分	学生自我评估	小组评估	教师评估
1	正确穿戴防护用品,少穿或错穿一件扣5分	20			
2	会阅读底漆的技术说明,确定调配比例	20			
3	正确使用比例尺调配涂料	10			
4	正确添加色漆	10			
5	正确添加固化剂	10			
6	正确添加稀释剂	10			
7	场地整理"7S"	20			
	合计	100			

任务 6　遮蔽车身

📖 任务目标

1. 了解车身遮盖用的各类材料的用途。
2. 能够正确进行局部涂装、整板涂装及整车涂装的遮盖。
3. 能够正确进行板件表面的除尘与除油。
4. 具备安全生产意识、环境保护意识以及团队协作意识的职业素养。

📖 任务描述

现有一辆左侧后车门局部轻微受损变形的事故车辆(图 3-9),已经对受损部位进行了打磨预处理,由于打磨露出了钢板,需对钢板部位涂装底漆,对底漆的施工常使用喷涂法,为了防止不需要喷涂底漆的部位被喷上底漆,必须对这些部位进行遮盖,本任务学习喷涂中的遮蔽作业。

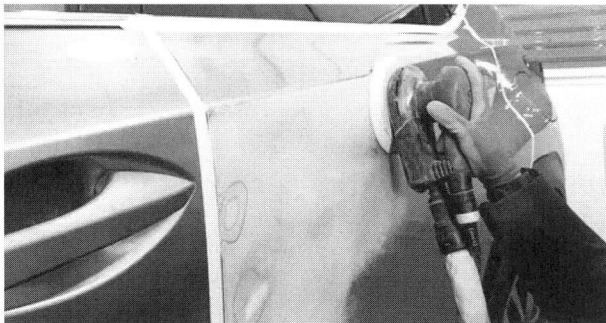

图 3-9　后车门损伤变形

📖 任务分析

在喷涂准备过程中,遮盖是非常重要的一步。对于不需要涂装的表面一定要遮盖,否则会引起不必要的麻烦。

在进行正式喷涂前,必须确保板件表面没有灰尘和油污,否则必然会造成喷涂缺陷。因此在正式喷涂前,必须进行除尘和除油操作。

📖 任务准备

物料准备:板件,除油布,装有除油剂的耐溶剂喷壶,各型号打磨机,P80、P120 等不同型号的砂纸。

人员准备:穿戴化学防护服、胶手套、防护面罩、护目镜、安全鞋。

📖 任务实施

1. 按要求正确穿戴防护用品

①正确穿戴工作服和耐溶剂手套。

②做好物料准备。

2. 遮盖膜遮盖发动机罩

①用车身遮盖膜覆盖车身,如图 3-10 所示。

②将车身遮盖膜覆盖在发动机罩部分,用专用刀具割开(注意靠近前风挡玻璃一边的膜不用割破),如图 3-11 所示。

图 3-10　用车身遮盖膜覆盖车身

割开3边的膜

图 3-11　割膜

③打开发动机罩,将遮盖膜从发动机罩与前风挡玻璃之间穿过,覆盖在发动机上并用遮盖胶带将遮盖膜连接密封,如图 3-12 所示。

(a)遮盖发动机

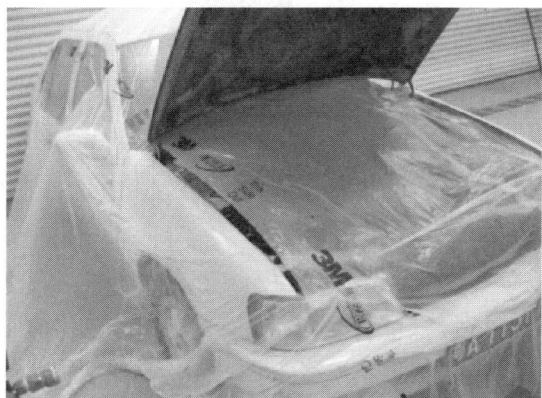

(b)用遮盖胶带密封

图 3-12　遮盖发动机

④为了防止飞散的涂料污染发动机罩背面(某些高档车发动机罩背面是隔热材料,颜色与车身颜色不一致),可以在发动机罩边缘使用缝隙遮盖胶条来阻挡飞漆污染,如图 3-13所示。

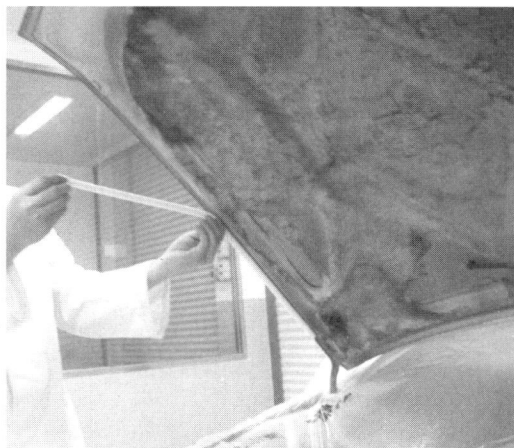

图 3-13 遮盖发动机罩边缘

⑤将发动机罩盖上,遮盖分色部位(如散热器面罩)。

a. 用聚酯精细遮盖胶带遮盖分色部位边缘,如图 3-14(a)所示。

b. 用遮盖膜配合聚酯精细遮盖胶带进行遮盖,如图 3-14(b)所示。

c. 散热器面罩遮盖后的效果,如图 3-14(c)所示。

(a)遮盖分色部位边缘

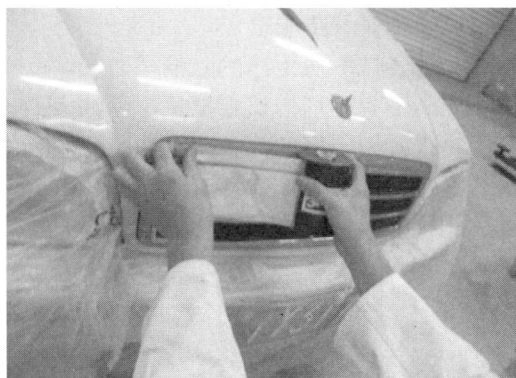

(b)精细遮盖

(c)遮盖后的效果

图 3-14 遮盖散热器面罩

3.除尘

①戴好胶皮手套。

②先用擦拭纸将整个待涂装表面擦拭一遍,如图 3-15 所示。

③手握粘尘布,按从上到下的顺序将待涂装表面擦拭干净,如图 3-16 所示。

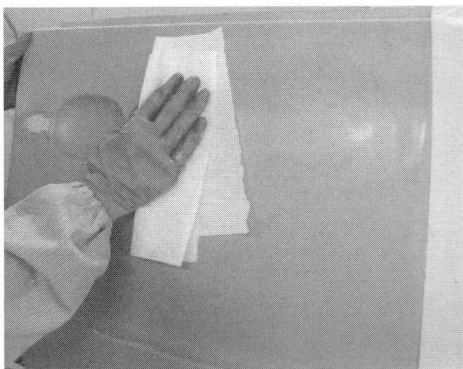

图 3-15 用擦拭纸除尘

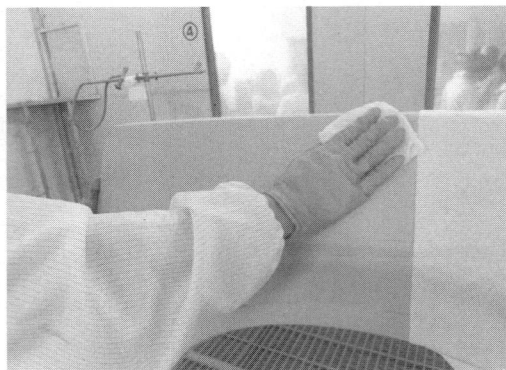

图 3-16 用粘尘布除尘

4.除油

①双手戴好胶皮手套。

②双手各持一块干净的除油擦布,其中一块浸有脱脂剂。

③先用带脱脂剂的擦布擦拭待除油表面,一次不要多于一个来回。

④紧跟着用干爽的擦布擦拭沾有脱脂剂的表面。

⑤重复这样的动作,直到待清理表面全部清理完毕,如图 3-17 所示。注意及时浸脱脂剂和更换擦布,同时应注意不要触碰已经除过油的表面。

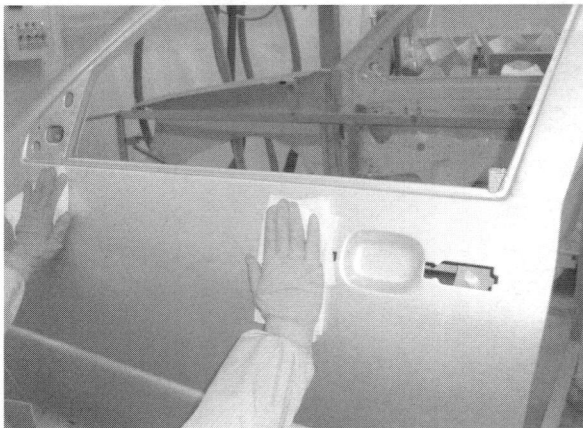

图 3-17 擦拭除油剂

5.整理工作

施工结束后,按"7S"要求整理设备和场地,保持场地清洁。

📖 知识链接

1. 遮盖材料

车身遮盖的
材料

喷涂前,遮盖是很重要的一步。对于不需要涂装的表面一定要遮盖,否则会引起不必要的麻烦。特别是在喷涂清漆时,应采用双层遮盖纸进行遮盖,这样可以防止涂料中的稀料渗入而损坏原漆面。

遮盖需要使用遮盖材料。常用的遮盖材料有遮盖胶带和遮盖纸等。

（1）遮盖胶带

遮盖胶带用于将遮盖纸粘贴在车身表面,如图 3-18 所示。由于使用的环境复杂,有的遮盖胶条适用于炎热、干燥的沙漠地区,而有的则适用于寒冷、潮湿的区域。因此,为了在喷漆前很好地完成遮盖工作,所选用的遮盖胶带必须能够适应不同气候环境的变化,有效防止车间污物和灰尘对漆面的影响。而另一些遮盖胶带则适合在烘干过程中使用。市场上还出现了各种各样的专用胶带,这些胶带是专门为车身特殊部位遮盖而设计的,如风窗玻璃密封条、塑料软发泡胶带、缝隙遮盖胶条等。

图 3-18　遮盖胶带

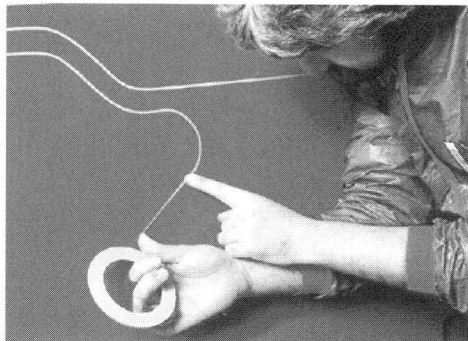

图 3-19　细胶带

高质量的胶带应具有防水功能,并且在湿打磨时不脱落。市场上出售的遮盖胶带有 3 mm、6 mm、12 mm、18 mm、24 mm、36 mm、48 mm 和 72 mm 宽等多种尺寸。最常用的胶带为 6 mm 和 18 mm。

此外,还有一种细胶带,这种胶带常用在两种颜色交界处或非专业喷漆时使用,因为这种胶带柔性好、较薄,粘贴后不会留下痕迹,如图 3-19 所示。这种胶带具有防止被溶剂浸透的功能。常用的胶带卷宽为 1.5 mm、3 mm、5 mm、6 mm、10 mm、12 mm 和 18 mm。

胶带的基本粘贴截面图如图 3-20 所示。

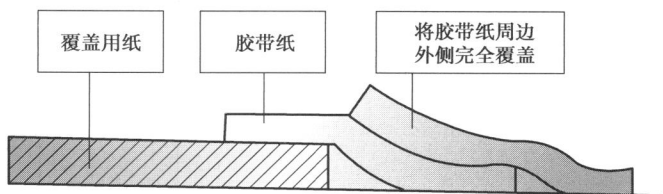

图 3-20　胶带的基本粘贴截面图

（2）遮盖纸

遮盖纸是一种耐溶剂的纸，喷涂时可保护较大面积的被覆盖部分不受涂料的影响。

一般制成 100 cm、80 cm、50 cm 等不同宽度系列的纸卷。通过中间通孔可将其装于专用的遮盖纸架上。图 3-21 所示的是一种常用的遮盖纸架，架子上装有不同宽度的遮盖纸和不同规格的遮盖胶带，可以很方便地把遮盖胶带按需要粘贴到遮盖纸的边缘。同时，架子上还装有一个切刀，可以根据需要切断一定长度的遮盖纸，从而有效地提高了工作效率。

还有一种经特殊处理的遮盖纸，宽有 8 cm、15 cm、23 cm、30 cm、38 cm、46 cm、69 cm 和 91 cm 几种。这种纸的一侧采用特殊材料处理，比另一侧光滑。通常应把光滑、明亮的一侧朝外。有的遮盖纸两侧均用树脂进行浸渍处理，具有较好的防渗透功能和防污物功能，常用在基层和透明涂层喷涂过程中。

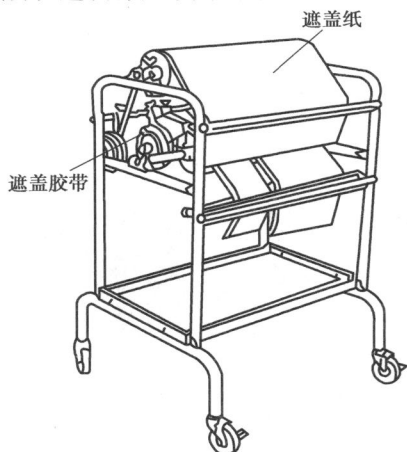

图 3-21　遮盖纸架

图 3-22　遮盖膜

（3）遮盖膜

用于遮盖的塑料薄膜通常为聚乙烯膜，如图 3-22 所示，其单位面积的价格要比专用遮盖纸低，而遮盖效率要比专用遮盖纸高。

（4）其他遮盖材料

①车身罩。车身罩也称车衣，用于快速将整车遮盖，只需将待涂装部位露出，并进行必要的遮盖（用胶带及遮盖纸等）即可，如图 3-23 所示。

②车轮罩。按车轮外形设计制造，能够快速遮盖车轮，如图 3-24 所示。

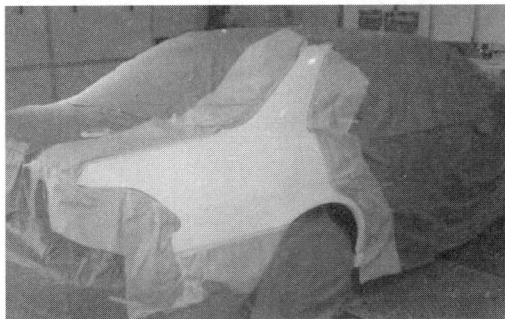

图 3-23　车身罩

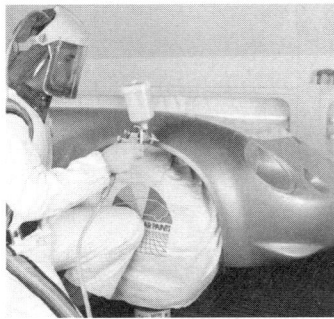

图 3-24　车轮罩

③报纸。一些小型的汽车维修企业常用报纸进行遮盖。由于报纸较易被撕裂,因此使用报纸做遮盖物时应小心。但是绝不能用报纸来遮盖清漆面,因为报纸中含有油墨,油墨可能溶入涂料的溶剂中,然后进入漆层,使漆层颜色改变。

2. 擦拭纸

擦拭纸用于擦拭散落的涂料、清洗喷枪、清洁工作台等,也可用于清除板件表面的灰尘。修补涂装所用的专用擦拭纸为大小不一的卷状纸张,如图 3-25 所示。

3. 粘尘布

打磨后的板件经过压缩空气吹拂甚至用擦拭纸等擦拭,也不能完全清除黏附的灰尘,最好使用专用的粘尘布(图 3-26)将整个待涂装表面仔细擦拭一遍。

图 3-25　擦拭纸

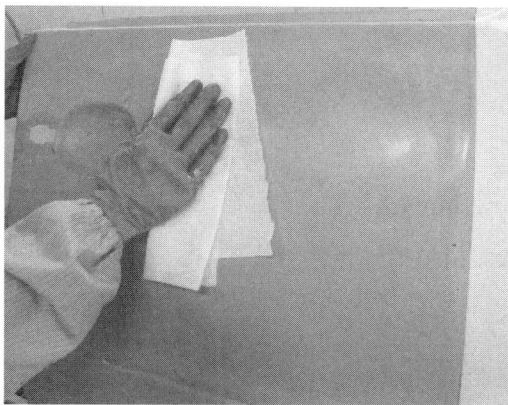

图 3-26　粘尘布

4. 除油剂

经除旧漆处理后的裸露的金属表面,也会因操作过程(如手触摸)而沾有油脂。油污会影响酸洗除锈和磷化质量,影响涂层的干燥性能和降低涂层的附着力。在进行正式喷涂前,为避免造成喷涂缺陷,必须确保板件表面没有灰尘和油污。所以在正式喷涂前,必须进行除油操作。

除油剂也称脱脂剂,一般封装于金属或塑料容器内,如图 3-27 所示。使用时可先将其倒在喷水壶内,如图 3-28 所示。同一个涂料生产商所供应的除油剂会有不同规格(型号),每一类型的除油剂都有各自的特点和用途。除油剂有以下几种:

①金属清洁剂。主要用于钢材、镀锌板及铝合金表面的清洁和除油。

②通用塑料清洁剂。主要用于塑料表面的清洁、除油,并能清除塑料表面的脱模剂。

③除硅除蜡清洁剂。主要用于有原厂底漆的新板件、旧漆层的清洁,能够清除灰尘、硅油和石蜡等。

④水性涂料除油清洁剂。主要用于水性涂料系统,能够清除硅油、油脂和打蜡的残留物以及塑料件表面的脱模剂,并可消除塑料件表面的静电。

⑤水性涂料清洁剂。主要用于中涂底漆或水性底色漆系统。能够清除灰尘,用于塑料件时,可起到抗静电的作用,可以用来清洗水性涂料喷枪。

图 3-27　除油剂　　　　　图 3-28　喷水壶

5. 反向遮盖

在对板件的局部修补涂装、整板涂装的过渡区域及流线型边缘进行遮盖时,应使用反向遮盖法,一般在涂装中涂底漆和面漆时运用。采用反向遮盖法,可以在待喷涂区域的边缘形成楔形间隙,喷漆时由于楔形间隙存在会形成边缘向外渐薄的漆膜,从而起到良好的过渡效果而不至于在边缘形成台阶。

沿流线边缘进行反向粘贴时,可以采用预先粘贴胶带的遮盖纸。首先,把遮盖纸沿流线型板件边缘的最高端放置,用胶带固定,使遮盖纸自然下垂;其次,反向折叠,使反向折叠的弧线超过流线型板件边缘 12 ~ 20 mm;最后,把遮盖纸的另一边固定在板件合适的位置上。

对曲面流线型边缘进行遮盖时,必须使用遮盖胶带。首先,把 19 mm 宽的胶带以正确的角度分别粘贴到流线型边缘上,每条胶带应长 10 ~ 13 mm,胶带与胶带之间应有足够的重叠量,整个胶带的粘贴边缘应形成一个与流线型边缘相平行的曲线;其次,把胶带条反折,应从最后一条胶带开始,并保证有一个正确的弧度;最后,用一条胶带把所有反折过来的胶带端部粘贴、固定,如图 3-29 所示。

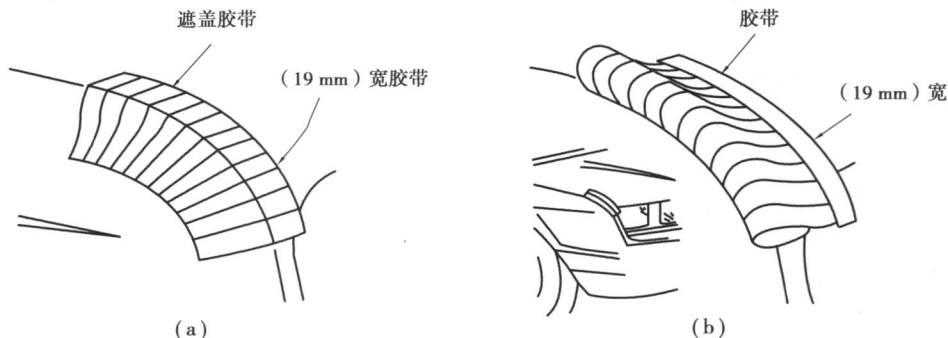

（a）　　　　　　　　　　　　　　（b）

图 3-29　反向遮盖

📖 思考题

1. 汽车涂装修复选用遮盖胶带时,应注意哪些质量因素?

2. 什么情况下应使用反向遮盖? 为什么?

3. 为什么喷漆前一定要彻底清除油污?

		任务工单	
1	工作安全		
2	工具设备		
3	工作步骤		
4	注意事项		
5	小结与反思		

任务评价					
学生姓名：			工作任务：		
序号	技术要求	配分/分	学生自我评估	小组评估	教师评估
1	正确穿戴防护用品	20			
2	正确使用车身遮盖膜覆盖车身	30			
3	板件除尘:用擦拭纸擦拭待涂装表面	10			
4	正确使用粘尘布除尘	10			
5	正确对板件表面除油	10			
6	场地整理"7S"	20			
	合计	100			

任务 7   喷涂底漆

📖 任务目标

1. 了解压缩空气喷涂系统的组成、结构及工作原理。
2. 能够正确进行底漆的喷涂。
3. 能够正确进行底漆的干燥。
4. 能够正确进行喷枪的清洗与维护。
5. 具备安全生产意识、环境保护意识以及团队协作意识的职业素养。

📖 任务描述

现有一辆左侧前车门局部轻微受损变形的事故车辆(图 3-30),已经对受损部位进行了打磨预处理,按照涂装工艺流程,本任务需要进行底漆喷涂作业。

图 3-30　打磨预处理

📖 任务分析

损伤的漆膜经底处理、遮盖、除尘及除油后,即准备喷涂底漆。在进行喷涂前,应对喷枪进行必要的调整,以满足涂料的喷涂要求。喷枪的调整项目包括喷涂压力、漆流量和喷涂扇形等。喷涂工作完成后,应及时对喷枪进行清洗与维护。

底漆喷涂完成后,应采用合理的方法进行干燥,以形成良好的漆膜。

📖 任务准备

物料准备:板件,除油布,装有除油剂的耐溶剂喷壶,各型号打磨机,P80、P120 等不同型号的砂纸。

人员准备:穿戴化学防护服、胶手套、防护面罩、护目镜、安全鞋。

📖 任务实施

1.按要求正确穿戴防护用品

①正确穿戴工作服和耐溶剂手套。

②做好喷漆房、物料准备。

2.喷枪的检查与调整

①根据底漆技术说明,选择底漆专用喷枪。

②检查涂料杯上的气孔无污垢堵塞,涂料杯上密封圈无渗漏等。

③将调好黏度的中涂底漆通过漏斗过滤后装入喷枪涂料杯内,将喷枪通过快速接头接入压缩空气系统。

④喷枪的调整:气压调整、扇幅调整、漆流量调整、扇形测试与调整。

3.底漆的喷涂

①喷第一层底漆,根据板件的特点,选择正确的操作要领,实施底漆的喷涂,注意第一层一定要薄喷。

②等待涂料闪干 3～5 min。

③喷涂第二层底漆,这一层要厚喷。

4.底漆的干燥

①后一层喷涂的闪干时间结束后,拆除遮盖。

②选择干燥的方式:常温干燥、烤漆房干燥、红外线烤灯干燥。

5.底漆的打磨

选用 P400 的砂纸,用干磨机轻轻打磨至光滑。或者选用 P800 的水砂纸,手工水磨至光滑。

6.喷枪的清洗

①收集喷枪中多余的颜料。

②拆卸清洗喷枪各部位。

③润滑喷枪。

7.整理工作

施工结束后,按"7S"要求整理设备和场地,保持场地清洁。

📖 知识链接

1.压缩空气喷涂系统

空气喷涂法以压缩空气形成的气流为动力,以喷枪为用具,使涂料从喷枪的喷嘴中喷出并形成漆雾,再涂布到工件表面。这是一种最为常用的喷涂方法。

（1）工作原理

当扣动扳机时,压缩空气经接头进入喷枪并从空气喷嘴急速喷出,在喷嘴的出口处形成低压区,涂料杯盖上的小孔使漆壶内与大气相通,涂料杯气压始终等于大气压,这样,在压力

差的作用下涂料从喷嘴喷出,并被压缩空气吹散而雾化、喷到工件上实现空气喷涂,如图3-31所示。空气喷涂是当前车身修补中应用最广的一种方法。

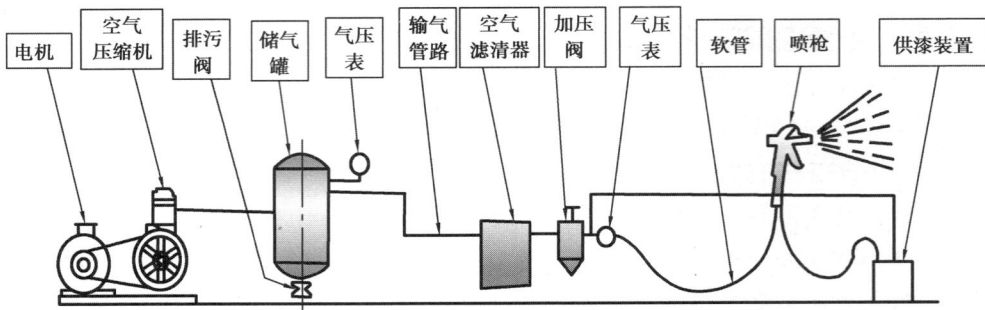

图 3-31　空气喷涂基本原理

优点是:设备简单,容易操作,能够获得厚薄均匀、光滑平整的涂膜,使有缝隙、小孔的物件以及倾斜、弯曲的地方均能喷到。适应性强,大部分涂料品种都可用此方法施工,对快干漆更为适用。

缺点是:涂料有效利用率低;污染环境、对人体有害,且易造成火灾,甚至发生爆炸,需要有良好的通风设备;漆膜较薄,涂料利用率低。

(2)分类

目前,汽车维修行业通常使用的空气压缩机有两种,即往复活塞式空气压缩机和螺杆式空气压缩机。

①往复活塞式空气压缩机利用活塞的往复运动来压缩空气,其气量中等,性能随使用时间增长而衰退较快。

②螺杆式空气压缩机通过两个凹凸不平的转子的高速运动产生压力,其主要优点为:风压、风量恒定,噪声小,气量大,空气清洁,节能高效。螺杆式空气压缩机的工作效率和可靠性很高,故近年来已在汽车维修行业得到普及,并逐步取代往复活塞式空气压缩机。

(3)配套设备

①储气罐相当于一个蓄能装置,空气压缩机输出的压缩空气要先进入储气罐暂时储存,随着气动工具的使用,储气罐内的压缩空气不断消耗,当储气罐内的压力降到一定值时,空气压缩机就会重新启动并向储气罐供气。所以储气罐能起到稳定压力和保证气量的作用,能减少空气压缩机的运转时间,从而延长空气压缩机的使用寿命。一般汽车维修企业所使用的储气罐为 $1 m^3$ 或 $2 m^3$,工作压力为 1 MPa。具体选择可根据气动工具的数量即压缩空气的用气量确定。

②冷冻干燥机,经空气压缩机压缩的空气,温度高达 $100 \sim 150$ ℃,只有压缩空气降温到零点以下时,混合在压缩空气中的油和水才能变成水滴和油滴,从而容易过滤并排放。由于储气罐能够起到一定的散热作用,因此,空气压缩机可先连接储气罐再连接冷冻干燥机,以除去压缩空气中的油分及水分。

③精密过滤器有各种不同等级。粗过滤器一般可除尘至 $1 \mu m$,除油至 10^{-6};精过滤器一般可除尘至 $0.01 \mu m$,除油至 0.01×10^{-6};超精过滤器可除油至 0.003×10^{-6}。除了过滤精度要求,空气处理量也需要和空气压缩机及冷冻干燥机相匹配。

④油水分离器。虽然经过空气压缩机、储气罐、冷冻干燥机及精密过滤器的过滤和分离后,压缩空气中只含有非常少量的水分、油分及微粒,但这些水分、油分及微粒还是可能在喷涂时导致涂膜产生质量问题。为确保获得高质量的喷涂效果,必须在支供气管及橡胶软管之间和喷枪、打磨机等气动工具使用前安装油水分离器。油水分离器能通过引流板、离心器、膨胀室、振动片和过滤器的作用,将油分、水分及微粒从高压气体中分离出来,并通过自动或手动排水阀排出,以确保压缩空气清洁、干燥,保证打磨、喷涂质量。

(4)空气压缩机的维护

空气压缩机的维护关系到压缩机的使用寿命、供气质量及工作效率。因此,一般需对空气压缩机进行每日维护和每月维护,使压缩机时刻处于最佳工作状态。

①每日维护。

a. 放掉储气罐、油水分离器、冷冻干燥机中的水。

b. 检查曲轴箱的机油液面高度,确认是否在油尺标线之间。

c. 运转中检查有无异常噪声。

②每月维护。

a. 清洁空气滤清器,可用溶剂清洗过滤材料,晾干后重新装好。

b. 添加或更换曲轴箱内的机油。空气压缩机的机油一般每工作500 h或2个月要更换一次,必要时可缩短更换时间。

c. 检查空气压力表是否正常。

d. 检查空气压缩机在全负荷运转中的温度是否正常,是否超过说明书要求的温度范围。

2. 喷枪的结构

(1)喷枪的分类

喷枪的型号繁多,常用的分类方法有按涂料供给方式、按涂料雾化技术和按用途等3种分类方法。

①按涂料供给方式分类,可分为重力式、虹吸式和压送式3种类型。

a. 重力式(上壶式)喷枪。涂料杯位于喷枪喷嘴的后上方,喷涂时利用涂料自重及涂料喷嘴尖端产生的空气压力差使涂料形成漆雾。杯内涂料黏度的变化对喷出量影响小,而且涂料杯的角度可由漆工在一定范围内任意调节,但它的容量较小(约0.5 L),仅适用于小物件涂装,且随着杯内涂料的减少,喷涂稳定性降低,同时不宜仰面喷涂。

b. 虹吸式(下壶式)喷枪。涂料杯位于喷枪嘴的后下方,喷涂时利用气流作用,将涂料吸引至枪体内,并在喷嘴处由压力差而引起漆雾。喷涂时出漆量均匀稳定。大面积喷涂时可换掉涂料杯,抽料皮管直接从容器中抽吸涂料连续工作,但当黏度变化时易引起喷出量的变化。

c. 压送式喷枪。涂料喷嘴与气帽正面平齐,不形成真空。漆料被压力压向喷枪,压力由一个独立的压力瓶(罐)提供。它适合连续喷涂,喷涂方位调整容易,涂料喷出量调整范围广。缺点是需增添设备、清洗麻烦、稀释剂损耗大,不适合在汽车修理厂修补漆方面使用。

②按涂料雾化技术分类,可分为高气压、低流量中气压和高流量低气压3种,见表3-3。这3种喷枪在外形上没有多大区别,只是在内部结构上会有所不同,从而产生不同的雾化效果,为了便于区别,也会在外观颜色设计上有所不同。

表 3-3　3 种喷枪的使用技术参数差异比较

技术参数	雾化技术		
	传统(高压)	RP(中压)	HVLP(低压)
	气压雾化	气压、气流雾化	气流雾化
进气压力/MPa	0.3~0.4	0.25	0.2
雾化压力/MPa	0.2~0.3	0.13	0.07
耗气量/(L·min⁻¹)	380	295	430

③按用途分类,可分为底漆用喷枪、中涂用喷枪、面漆用喷枪、清漆用喷枪、金属漆专用喷枪、小修补用喷枪等。

(2)喷枪的雾化原理

空气喷枪是指利用空气压力将液体转化为液滴的喷涂工具,该过程称为雾化。雾化过程就是喷枪的工作过程,雾化使涂料成为可喷涂的细小且均匀的液滴。当这些小液滴被以正确的方式喷到汽车表面后,就会结合形成一层厚度极薄而平整的膜。雾化过程分以下 3 个阶段进行,如图 3-32 所示。

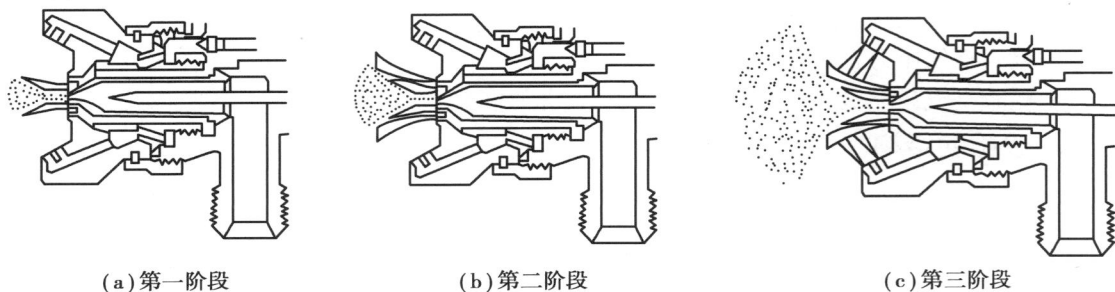

(a)第一阶段　　　　　　(b)第二阶段　　　　　　(c)第三阶段
图 3-32　雾化的 3 个阶段

①第一阶段,涂料从喷嘴喷出后,被从环形口喷出的气流包围,气流产生的气旋使涂料分散。

②第二阶段,涂料的液流与从辅助孔喷出的气流相遇时,气流控制液流的运动,并进一步使其分散。

③第三阶段,涂料受到从空气帽喇叭口喷出的气流作用,气流从相反的方向冲击涂料,使其成为扇形液雾。

(3)喷枪的组成及各部分的作用

典型的喷枪由枪体和喷枪嘴组成,如图 3-33 所示。枪体又分为空气阀、漆流控制阀、扇形控制(即漆雾扇形角度调节)阀、控漆阀、压缩空气进气阀、扳机、手柄等。喷枪嘴由气帽、涂料喷嘴、顶针组成。图 3-34 所示为上吸式空气喷枪的结构纵剖图。

空气帽的作用是使压缩空气将涂料雾化成一定形状的漆雾。空气帽上有 3 种不同的孔,最中间为中心雾化孔,中心孔两侧为辅助雾化孔,最侧面在伸出部位的侧孔为扇幅控制孔。

中心雾化孔位于喷嘴外侧,当压缩空气喷出时,会产生负压吸出涂料;辅助雾化孔可促进涂料的雾化,喷枪雾化性能的强弱主要由辅助孔决定;扇幅控制孔的作用是控制漆雾的形状,当扇面调节旋钮关上时,喷雾的形状是圆形,当扇面调节旋钮打开时,喷雾的形状变成长椭圆形。

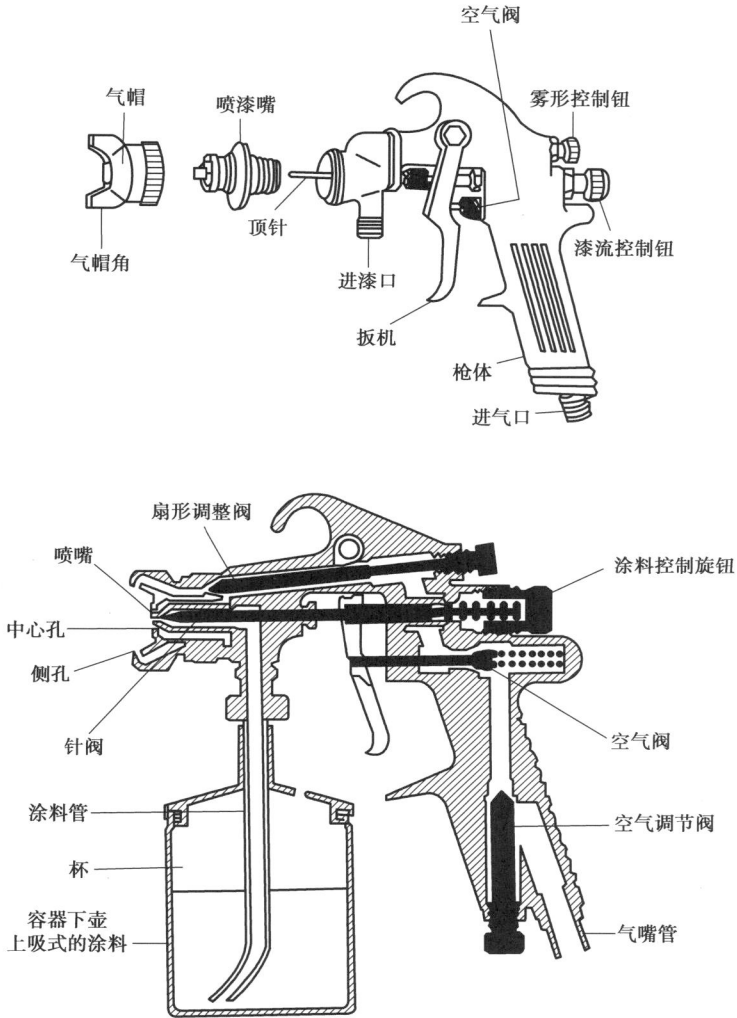

图 3-33　喷枪的结构

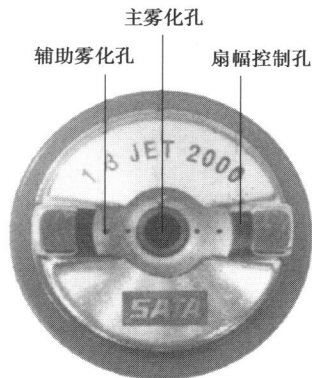

图 3-34　上吸式空气喷枪的结构纵剖图

不同喷枪有许多通用的零部件,但每种类型或型号的喷枪只适用于某一工序的作业,涂装时选择合适的喷枪是高质量完成作业的保证。

3．喷枪的使用

正确调整喷枪是高质量喷涂的第一个重点,正确的喷涂技术则是获得高质量喷涂的第二个重点。

（1）喷枪压力调整

喷枪压力过大或过小都会影响雾化效果及喷涂质量,喷涂不同类型的涂料,或喷涂不同大小的工件,都需要参照产品要求或技术要求来调节喷枪气压。最佳的喷涂压力是保证喷涂所需的喷幅宽度和最佳雾化效果所需的最低压力。如果气压过高,会导致过度雾化,从而产生过多喷雾,使涂料用量增加。还会导致涂料到达喷涂表面之前大量溶剂被挥发掉,当涂料到达工件表面时涂层流动性降低,产生橘皮等缺陷。如果气压过低,会使雾化颗粒较粗。涂膜过厚,可能导致流挂、溶剂泡、橘皮等缺陷。

大多数喷枪本身不带有气压表,可以使用外接数字式气压表或机械压力表。现在推荐使用带有内置数字气压表的喷枪,这种喷枪体积较小且易于读取气压值。对于喷涂质量要求、精度要求比较高的涂装作业,比如喷涂银粉、珍珠底色漆、清漆等,一定要使用有气压表的喷枪。

（2）扇面调整

通过调节扇面旋钮可以调节喷幅（扇面）大小（图3-35）。将扇面控制旋钮旋到最紧,可使漆雾的直径变小,形状变圆;将扇面控制旋钮完全打开,可使漆雾形状变成较宽的椭圆形。较窄的扇面（宽10～15 cm）可用于局部维修,而较宽的扇面（宽20～25 cm）则用于整板、整车等大面积喷涂。

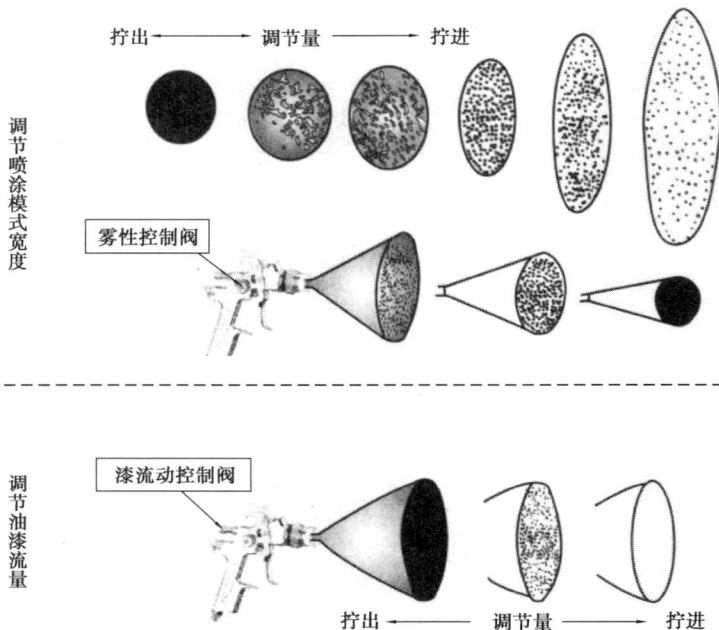

图 3-35　喷幅的调节

（3）出漆量的调整

调节漆量控制旋钮以调节出所需的涂料流量,逆时针转动涂料控制旋钮会增大出漆量,顺时针转动涂料控制旋钮会减小出漆量。

为了确定喷枪的调整是否合理,可以在遮盖纸或报纸上进行测试。整板喷涂喷枪调整如图 3-36 所示,将空气帽旋转 90° 并旋紧,此时喷枪喷出的喷幅图案是水平的;喷幅图案应上下左右对称,如果某个位置不对称,则表示有辅助雾化孔或者扇幅控制孔堵塞了。

图 3-36　喷枪的调整:空气帽旋转 90°

按下喷枪扳机,喷涂时间稍长一些,一般为 1～2 s,看到涂料往下流就可松开,根据流下来的涂料长度可判断喷枪调节是否合适。

①整个喷幅各位置涂料流下的长度大致相等[图 3-37(a)],说明喷枪调节合适。

②如果流痕两边长中间短[图 3-37(b)],表示出漆量调整过小或气压调整过高,扇面调整过宽或涂料黏度过低也可能出现这样的结果。

③如果流痕中间比两边长[图 3-37(c)],说明出漆量过大或气压调整过小,扇面调整过窄或涂料黏度过高也可能出现这样的结果。

上述情况下,在试枪纸上喷涂一个竖直喷幅,表现为中间宽且较两端湿润,上下两头窄且干燥,中间和两端同样不均匀。

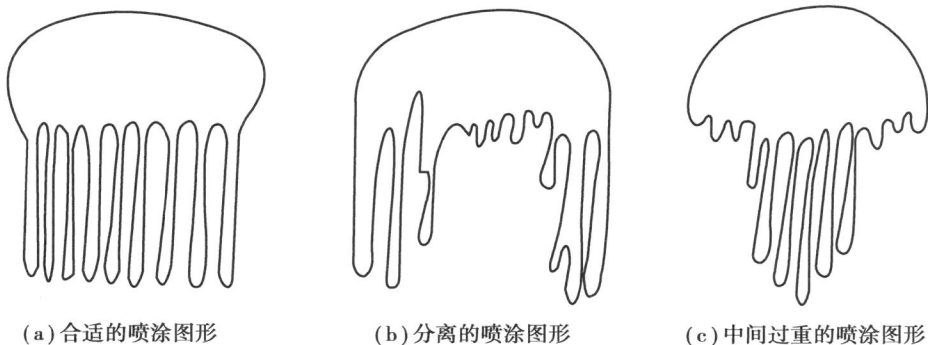

（a）合适的喷涂图形　　　　（b）分离的喷涂图形　　　　（c）中间过重的喷涂图形

图 3-37　出漆量调整

（4）常用的持枪方法

常用的持枪方法是用手掌、拇指、小指及无名指握住喷枪,中指和食指用以扣动扳机,也可用拇指、手掌配合小指、无名指握枪,中指用来扣扳机,食指用于稳定喷枪。

（5）枪距

喷涂距离与喷涂面积的大小有关，工件整喷时一般在 15～20 cm 范围内。除了保持合理距离，喷枪还要与工件表面保持垂直，而工件表面往往有各种弧度，所以整板喷涂的要点是，移动的同时保持喷枪与工作表面成 90°，并以与表面相同的距离和稳定一致的速度移动。

枪距不合理会导致以下缺陷。

①距离正确，没有做到与工件表面保持垂直，会导致涂层不均匀。

②喷涂距离与喷涂工件离得太近，涂膜会过厚，容易导致流挂。

③喷涂距离与喷涂工件离得太远，会使飞漆增多，涂膜较薄且粗糙，光泽过低，流平、亮度不佳、橘皮重。

（6）枪速

喷枪的移动速度在工件整喷时通常为 30～60 cm/s，具体取决于涂料的种类及喷涂要求，还与喷幅重叠有关。喷枪的移动速度要适中、稳定一致，移动速度过快，会使涂膜表面显得过干，流平性、光泽度、清晰度都较差；移动速度过慢，会使涂膜过厚发生流挂。

（7）重叠

一般情况下，第一遍喷涂时喷枪的重叠为 1/2，第二遍和第三遍喷涂时喷枪的重叠为 3/4 或 2/3。对于底色漆喷涂，以及高难度的银粉和三工序珍珠层时，往往采用 1/2 重叠，以保证喷涂涂层的均匀度。

如果漆面中间出现 5～15 cm 宽度的涂膜薄、光泽低、橘皮重等现象，那是因为某些部位没有达到其他部位的喷涂次数，导致重叠不均。所以初学者练习时一般可采用 1/2 重叠，因为 1/2 重叠最容易掌握，即每枪喷涂时，枪嘴都是对着上一枪喷涂的涂层的最下边缘，每次下移 1/2 个喷幅的宽度，即每个位置都重复喷涂了 2 次，最容易判断和掌握。接下来练习 2/3 重叠、3/4 重叠。2/3 重叠相当于每次下移 1/3 个喷幅的宽度，即每个位置都重复喷涂了 3 次。以此类推，3/4 重叠相当于每次下移 1/4 个喷幅的宽度，即每个位置都重复喷涂了 4 次。

（8）喷枪的清洗

喷枪在使用完毕后立即清洗，如果不及时清洗，涂料就会凝固在喷枪中，导致喷枪损坏甚至报废。喷枪的清洗方法有两种：一种是手工清洗，另一种是使用洗枪机清洗。无论采用哪种清洗方法，清洗喷枪的关键在于清洁枪杯、涂料通道、空气帽及喷嘴。

①手工清洗喷枪的方法如下：

a. 将剩余涂料倒入专用废弃物收集容器，加入少量洗枪溶剂，用毛刷洗净枪杯。按下扳机，使溶剂流出，冲洗涂料通道及喷嘴。

b. 洗净空气帽内部沾染的涂料，把空气帽卸下，使用清洗剂，用毛刷清洁空气帽。清洗枪针，旋下内置弹簧的漆量调节旋钮，抽出弹簧和不锈钢枪针，用毛刷小心地清洗枪针，防止枪针受损、弯曲变形。

c. 清洗喷嘴，可用专用扳手小心卸下喷嘴，使用清洗剂用毛刷清洁。

d. 如果喷嘴、空气帽、枪针这些金属构件上面有较难以清洗的涂料，可将它们浸泡在溶剂中，但绝对不要把其他部位乃至枪身整体浸泡在溶剂中，因为这样会使密封圈硬化受损，影响喷枪的雾化及喷涂质量。当喷枪喷涂溶剂性油漆时，使用溶剂清洗；当喷枪喷涂水性漆时，使用水性稀释剂或洗枪水清洗。

e. 喷嘴和空气帽上面的孔绝对不能用钢丝或任何金属硬物清洁,以免导致喷嘴或雾化孔变形。可以使用专用柔性清洗针和软毛刷清洁。

f. 清洗完毕后,先安装喷嘴,安装时注意松紧度要和原来一致,不能过紧也不能过松,然后安装枪针、弹簧、漆量调节旋钮、空气帽及枪壶。安装后加入少量溶剂,在具有抽排风的工位用压缩空气喷出并完全吹干。

②使用洗枪机清洗喷枪。使用洗枪机的好处是清洗效率较高,洗枪后的废溶剂可以集中收集、储存和处理,有利于环保。清洗过程中产生的挥发物也较手工清洗少。

目前市场上有一种快速洗枪机,可以方便、快捷地清洗喷枪。使用时人员将枪杯卸下,快速洗枪机能够快速地洗净喷枪涂料通道、空气帽、喷嘴等位置。还可以快速地接着喷涂另一种颜色或者其他涂料。如果喷涂时使用免洗枪壶,由于枪杯无须清洗,则清洗一般在 30 s 内即可完成。每种洗枪机的使用方法有所不同,使用前须参照使用说明书。

(9)喷枪的维护

每天工作完后进行喷枪润滑,用轻机油润滑如图 3-38 所示的各部件。由于正常的磨损和老化,密封圈、弹簧、针阀和喷嘴必须定期更换,更换应按生产厂家的说明进行。润滑时必须非常小心,机油过量就会流入涂料和机油通道,造成喷涂缺陷。

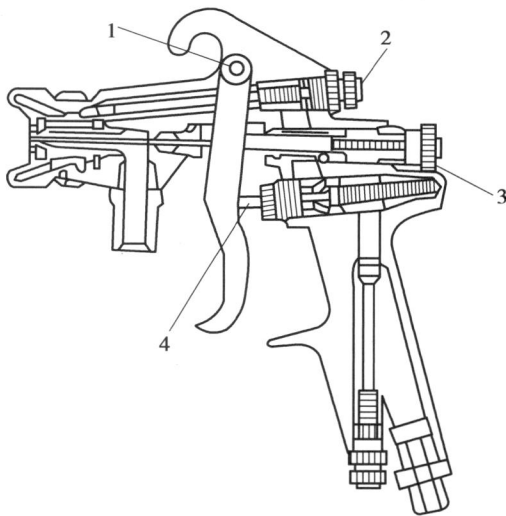

图 3-38　机油润滑
1—扳机转轴;2—扇形控制钮;3—涂料控制旋钮;4—空气阀

4. 不同板件的走枪顺序

在不同板件上喷涂走枪时,要遵循的一个原则:先喷周边,再喷中间大面。

喷涂车门时,首先喷涂车门框的顶部,然后下移直到车门的底部,如图 3-39 所示。如果只喷涂一个车门,首先应喷涂车门边缘;喷涂门把手时应特别小心,因为某点的涂料太多将会导致下垂。

像发动机罩这样的大型板件,可采用长而直立构件的喷涂方法,即分段喷涂。如图 3-40 所示,首先喷涂发动机罩的边缘,其次喷涂发动机罩的前部,最后在前翼子板的侧面从中心开始向边缘进行喷涂;另一侧也使用相同的喷涂方法。

图 3-39 车门喷涂顺序

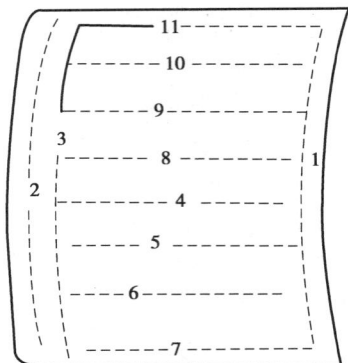

图 3-40 发动机罩喷涂顺序

前翼子板、后翼子板、车顶盖的喷涂顺序如图 3-41—图 3-43 所示。

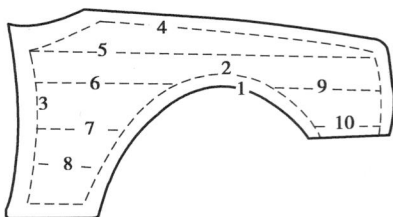

图 3-41 前翼子板喷涂顺序

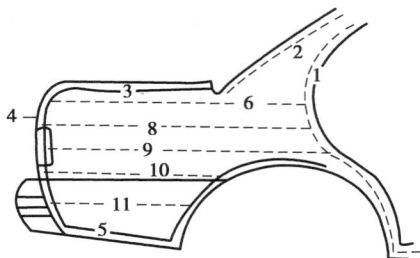

图 3-42 后翼子板喷涂顺序

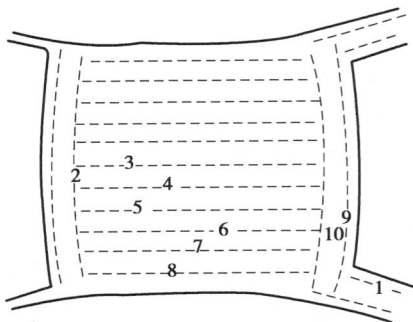

图 3-43 车顶盖喷涂顺序

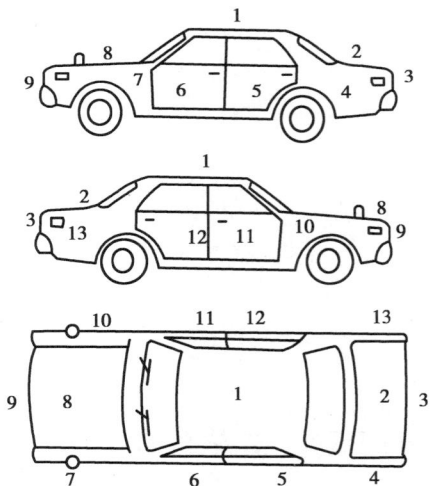

图 3-44 整车喷涂顺序

当修整整个汽车时,对汽车不同部位,喷漆顺序可能不同。通常在横向排风的房间里,距排风扇最远的地方先喷涂,从而能保证落在喷漆表面的灰尘最少,使漆面更光滑。具体操作如图 3-44 所示,首先对车顶盖进行喷涂;其次喷涂左侧或右侧车门;再次是同侧的后翼子板;最后是行李箱盖和后围板。对汽车另一侧的喷涂首先是从后翼子板开始,其次是车门和前翼子板、发动机罩、前裙板和门窗框,最后对另一侧的前翼子板进行喷涂。

在向下排风的喷涂房里，因为空气是从棚顶向汽车底部的检修坑流动，所以喷漆工必须改变喷漆方法。为了能够保持漆膜边缘的湿润，车顶盖应先喷涂，接着是发动机机罩和行李箱盖，然后对车身右侧喷涂，紧接着是后围板，最后是车身左侧，并逐渐向前移动直到全部完成。

5. 底漆的干燥

（1）喷烤漆房

汽车喷烤漆房是进行汽车漆喷涂、烘烤作业的设备，一般简称烤漆房。不同类型的汽车修补漆选择的烤漆房类型也不相同，汽车制造厂生产线上所使用的原厂高温漆，烘烤温度要达 120～170 ℃，烤漆层要能够对汽车表面进行该温度范围内的高温烘烤；而在汽车维修企业采用的是低温汽车修补漆，烤漆房烘烤温度范围一般为 60～80 ℃。这里主要介绍使用低温修补漆时所使用的烤漆房。

烤漆房主要由房体、加热系统、送排风系统、照明系统、空气净化系统、电控系统等部分组成，墙板钢板选用彩色喷塑镀锌板，厚度通常为 60 mm。墙板内的填充物选用阻燃、保温、隔热的岩棉，并采用插口型拼装结构。烤漆房内的照明要求在 800 lx 以上，通常房顶两侧安装多组无影日光照明灯向下照射，以保证室内光线明亮。

目前使用的烤漆房一般采用气流下行式，即空气从上部进入，经过车顶向下从车身两侧的排气地沟排出。经过滤后，干净、干燥、适温的空气在流过车身时不会带入灰尘，并连同飞扬的漆雾一同向下被吸走，防止飞漆污染新涂的漆面。气流下行式烤漆房减少了喷涂操作人员可能吸入的飞漆和溶剂蒸气，有利于喷漆工的身体健康。喷漆完毕后，工件静置 10 min 左右，随即被加温。喷漆工件送进经热能转换器加温的热空气，使房内温度达到指定的烘烤温度。空气流速为 3 m/min 左右（流速太高时漆膜会出现小凸包）。此时气流为封闭式循环系统，空气为加速工件干燥做内循环。

（2）红外线烤灯干燥

对于车身的局部烘烤，常采用红外线烤灯。红外线烤灯也称为 IRT 灯，通常由 1～4 个短波（或中波）红外线灯管组合而成，其可移动的特点非常适合车身任何部位的局部烘烤。图3-45 所示为一种典型的红外线烤灯外形图。

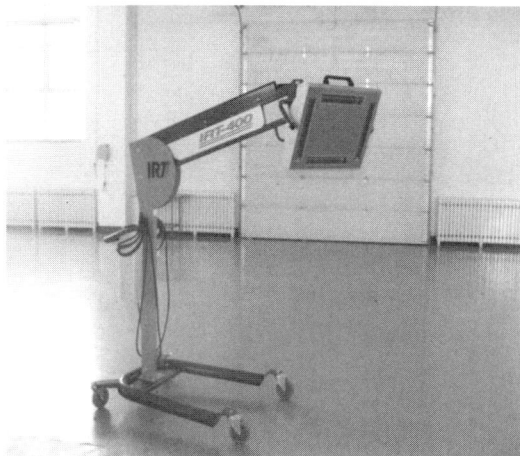

图 3-45　红外线烤灯

（3）常温干燥

当采取常温干燥时,喷涂结束后,即可关闭喷漆室电控箱上的喷漆、照明开关,关门,使板件(整车)在喷漆室内自然干燥至规定的时间,具体数据参阅涂料使用说明书。

思考题

1. 简单描述喷枪的品种。

2. 说明重力式喷枪的特点。

3. 喷枪气帽上都有哪几类孔,各起什么作用?

4. 在涂装操作过程中,发生着火、涂料撒落、过氧化物残渣撒落、眼睛和嘴接触涂料、皮肤接触涂料等意外时,应采取什么应对措施?

		＿＿＿＿＿＿＿＿＿＿任务工单
1	工作安全	
2	工具设备	
3	工作步骤	
4	注意事项	
5	小结与反思	

	任务评价				
学生姓名：		工作任务：			
序号	技术要求	配分/分	学生自我评估	小组评估	教师评估
1	正确穿戴防护用品	10			
2	连接气管,正确调整喷枪	10			
3	薄喷第一层底漆	20			
4	厚喷第二层底漆	20			
5	底漆的干燥	10			
6	底漆的打磨	10			
7	喷枪的清洗	10			
8	整理场地"7S"	10			
	合计	100			

项目四
原子灰的施涂与打磨

【项目描述】

车门板处的漆膜损伤，经打磨处理后，由于钣金表面不平，且旧漆膜较厚，因此应刮涂原子灰，以填充钣金表面的不平处，并快速建立足够的涂层厚度。

受损车门刮涂原子灰干燥后，原子灰的表面非常不平整，且比周围的旧漆膜高，必须经过打磨至涂膜厚度合适，确保在涂装中涂底漆和面漆后，总漆膜厚度与周围的旧漆膜接近。

任务 8　刮涂原子灰

📖 任务目标

1. 了解原子灰的种类、特点及应用。
2. 掌握原子灰的标准涂装工艺流程。
3. 能够正确刮涂原子灰。
4. 能够正确干燥原子灰。
5. 具备安全生产意识、环境保护意识以及团队协作意识的职业素养。

📖 任务描述

现有一辆左侧前车门局部轻微受损变形的事故车辆(图 4-1),已经对受损部位进行了打磨预处理并喷涂了环氧底漆,按照涂装工艺流程,本任务环节需要根据底材选用原子灰进行刮涂作业。

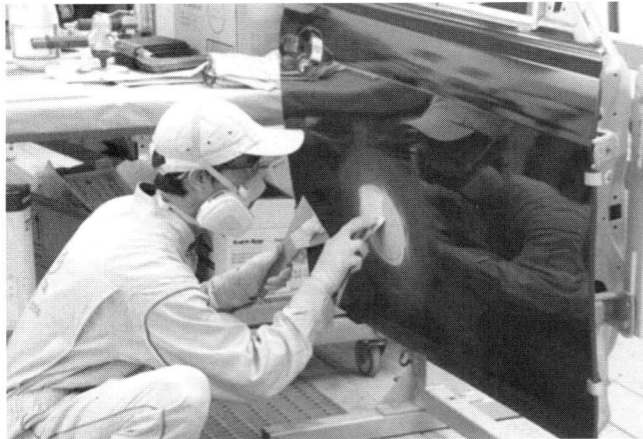

图 4-1　前车门损伤变形

📖 任务分析

由于板件表面不平整,特别是经过钣金处理后的表面,板件表面凹凸较大,底漆很难将其填平,需要施涂原子灰以快速建立足够的涂层厚度,便于后续的中涂底漆或面漆的涂装。

📖 任务准备

物料准备:罐装原子灰、管装固化剂、刮刀、混合板、红外线烤灯。
人员准备:穿戴化学防护服、胶手套、防护面罩、护目镜、安全鞋。

任务实施

1. 准备待修复的车身板件

在清除受损板件的旧漆膜并做羽状边后,刮涂原子灰的板件表面需要使用吹气枪清除粉尘。由于金属表面裸露在空气中,还需要用除油剂进行脱脂处理。

如遇下雨天或空气湿度较高时,还需要关注金属表面是否潮湿,并使用红外线烤灯或热风机除去湿气。秋冬温度较低时也可采用相同的办法处理,既可以提高原子灰的附着力,也可以避免面漆涂装后出现起层、开裂等质量事故,同时原子灰层的干燥速度也会随之提高。

2. 调配原子灰

准备原子灰与固化剂。搅拌罐内的原子灰,保证整罐原子灰成分均匀、黏度合适。然后用手充分挤捏装有固化剂的包装管,使固化剂成分均匀,待用。

将原子灰取至金属或纸质调灰板上,根据气温和产品要求,添加适量的固化剂。用刮刀将原子灰和固化剂反复拌和,直至调和均匀。为避免添加固化剂后原子灰过快干固(一般 3 min 左右干固,与原子灰本身产品特性、温度、相对湿度有关)而导致浪费,即配即用。

添加的固化剂一般占原子灰质量的 1% ~ 3% 。因为原子灰的固化剂多为黄色或红色,所以判断原子灰调和均匀的标准是原子灰的颜色均匀一致。若原子灰未混合均匀就刮涂,则会导致固化不均匀、附着力差、起泡、剥落等缺陷。

3. 刮涂原子灰

根据板件表面受损部位的形状和位置,选择钢片、塑料、橡胶等不同材质的刮刀。为保证质量,原子灰可分多次刮涂,避免一次刮涂太厚。首次刮涂薄薄的一层,主要是填平补灰,待其凝固未完全干透时再继续刮涂 1 ~ 2 层,直至表面被完全填平,最后将表面修整平滑。

4. 干燥原子灰

在烤漆房使用红外线烤灯烘干刮涂的原子灰。红外线烤灯的最佳烘烤距离为 80 ~ 120 cm,烘干时间为 5 ~ 7 min,烘干温度参考产品手册,通常不超过 50 ℃ 。

①调整烤灯与车身的位置。
②选择红外线烤灯的程序。
③测量合适的烘烤距离。
④确认烘烤,重点检查原子灰的周边区域。

知识链接

1. 原子灰的组成及特性

腻子学名为原子灰,又称为聚合型腻子,是一种膏状或厚浆状的涂料。腻子是由大量填充料以各种涂料为黏结剂所组成的一种黏稠的浆状涂料。其用途是用来填补工件表面的凹陷、气孔、裂纹、擦伤等缺陷,以取得均匀、平整的表面。

腻子的主要组分是填充料,占腻子总重的 70% ~ 80% 。为使腻子在施工中易被标识,在腻子中加入极少量的氧化铁红、炭黑、铬黄等颜料,使其呈浅灰色或棕红色。

腻子多为双组分产品,需要加入固化剂后方能干燥固化,以提高硬度和缩短干燥时间。

聚酯树脂型腻子多用过氧化物作为固化剂,环氧树脂型腻子多用胺类作为固化剂。

2. 原子灰的类型及选择

腻子的种类很多,经常使用的有以下几种:

（1）普通腻子

普通腻子多为聚酯树脂型,填充性好,主要用于裸钢板的表面,也可用于塑料表面和玻璃钢件,但刮涂不宜过厚。不适用于镀锌钢板、不锈钢和铝板以及经磷化处理的钢板表面,否则易造成附着能力不够而开裂,但在这些金属表面喷涂隔绝底漆（如环氧基底漆）后可正常使用。

（2）合金腻子

合金腻子也称为金属腻子,比普通腻子性能好,价格高于普通腻子,应用广泛,除了普通腻子应用的一切场合外,可直接适用于镀锌钢板、不锈钢和铝板表面而不必喷涂隔绝底漆,但不适用于磷化处理的钢板。

（3）纤维腻子

纤维腻子填充料中含有纤维物质,干燥后质轻但附着力强,硬度高,能够直接填充直径小于 50 mm 的孔或锈蚀而无须钣金修复,对孔洞隔绝防腐的能力很强。

（4）塑料腻子

塑料腻子专用于柔软的塑料制品,调和后呈膏状,干燥后像软塑料一样,与底材附着良好,打磨性能好,可以用机器干磨,也可以水磨。

（5）幼滑腻子

幼滑腻子也称为填眼灰,分为双组分和单组分,以单组分常见。幼滑腻子不能大面积使用（填充能力差,不耐溶剂,容易被面漆中的溶剂咬起）,一般用在中涂层打磨之后、面漆喷涂之前。

这么多种原子灰,如何选择合适的原子灰类型呢?如果选择不合适,可能使原子灰过硬,难以打磨,就会过多地磨掉周围的漆膜,形成如图 4-2 所示的情况,使表面凹凸不平,不得不再次补涂原子灰。或者易产生气孔的原子灰,也会导致作业效率下降。如图 4-3 所示,若腻子中含有空气,加热时空气会膨胀,使涂膜产生针孔或气泡。如果出现了气孔,不仅要重新补原子灰,还会导致起泡和起层等质量事故。不合适的原子灰不仅难以保证表面打磨质量,而且经济性也会下降。

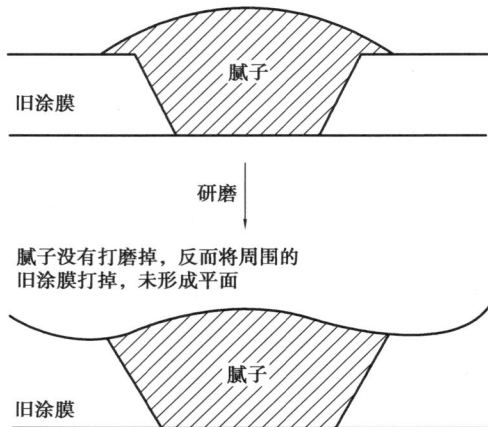

图 4-2　原子灰过硬造成的问题

图 4-3　气孔及其引起的问题

在实际汽车修补涂装工作中,选择原子灰重点考虑的因素是被涂物面材料,因为不同类型原子灰与板材之间的适用性是不同的。图 4-4 所列为"鹦鹉"原子灰与不同材料的适用性。

原子灰	钢材	镀锌钢板	铝镁	有电泳底漆的原厂件	旧涂层
839–20/20K 鹦鹉®多功能原子灰	●	●	●	●	●
839–25 鹦鹉®越细原子灰	●	●	●	●	●
839–53 鹦鹉®原子灰	●		●	●	●
839–70/70K 鹦鹉®通用原子灰	●	●	●	●	●
839–80 鹦鹉®涂刷型原子灰	●			●	●
901–21 鹦鹉®玻璃纤维原子灰	●	●	●	●	●
1006–23 鹦鹉®高浓聚酯喷涂原子灰	●	S1	●	●	●

□ 不适用

● 可以直接使用

图 4-4　原子灰与不同材料的适用性

原子灰的选择要点如下:

①要求与金属和旧涂膜的附着性能良好。

②要求耐热性,要能在 120 ℃条件下承受 30 min 以上,不产生起层、开裂、气泡等现象。

③腻子的施工作业性能:刮腻子后,要求 30 min 左右就能进行打磨,腻子的刮涂和打磨作业性能好。

3.原子灰的施涂技法

(1)刮刀的握法

刮原子灰时,左手握原子灰托板,右手拿刮刀。刮刀的握法有以下几种:

①直握法。直握时食指压紧刀板,拇指和其余四指握住刀柄。直握法适用于小型钢刮刀,如图 4-5 所示。

原子灰的刮涂

②横握法。横握时拇指和食指夹持住刮刀靠近刀柄的部分或中部,另外三指压在刀板上,如图 4-6 所示。

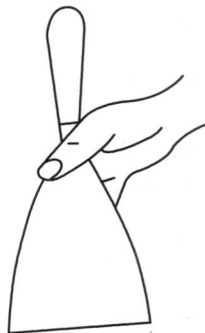

图 4-5　刮刀的直握法　　　　　　　　　　图 4-6　刮刀的横握法

③其他常见握法,如图 4-7 所示。

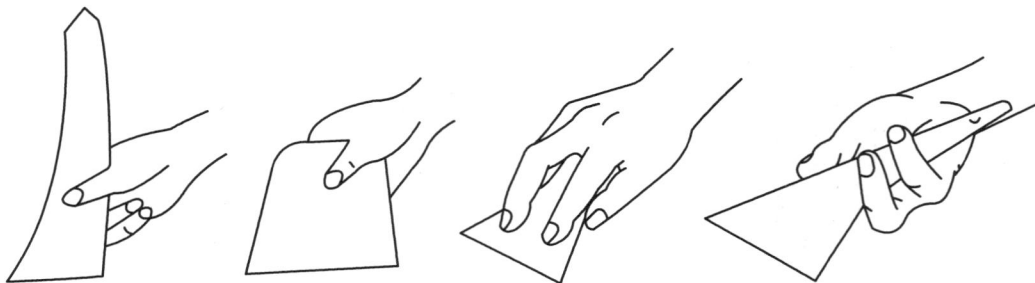

图 4-7　其他常见握法

（2）刮涂原子灰的基本手法

刮涂腻子时应将刮具轻度向下按压,并沿长轴方向运刮。每次刮涂腻子的量要适度,避免造成蜂窝和针孔,如图 4-8 所示。

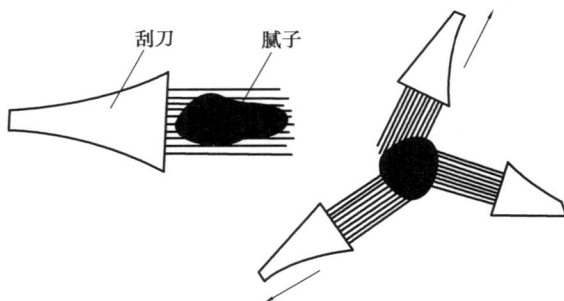

图 4-8　刮刀的运刮方向

①往返刮涂法。往返刮涂法是先把原子灰敷在平面的边缘成一条线,刮刀尖成 30°～40° 向外推向前方,将原子灰刮涂于低陷处,多余原子灰挤压在刮刀口的右面成一条线。这种方法适合刮涂平面物体。

②一边倒刮涂法。一边倒刮涂法是用刮刀只向一面刮涂。汽车车身刮涂原子灰的顺序是从上往下刮,或从前往后刮。手持刮刀的方法有两种:一种是用拇指与中指握住刮刀,食指

压在刮刀的一面,原子灰打在托板上,刮刀将原子灰刮涂于物面,即从上往下刮涂,依次进行,最后将多余原子灰刮回到托板上;另一种是用拇指和食指握刮刀,原子灰黏附在刮刀口内面,从外向里刮涂,依次进行。

刮涂腻子的方法有满刮和软硬交替刮两种,其中,满刮又分填刮和靠刮;软硬交替刮又分"先上后刮"和"带上带刮",还有"软上硬收""硬上硬收"和"软上软收"等。

填刮:用较稠的原子灰分若干次将构件表面凹陷填平,填刮时主要用硬刮刀借助刀口上部有弹力的部位与手劲配合进行操作。

靠刮:所用的原子灰稠度稍低,用于最后一两次的刮涂和较平滑的表面。刮涂时用硬刮刀借助刀口的作用而将原子灰刮涂到板件表面,使原子灰刮得薄、刮得亮。

先上后刮:先将原子灰逐一填满或刮平,然后用硬刮具将其收刮平整。这种刮法适用于较大面积的刮涂。

带上带刮:边上涂原子灰边将其收刮平整。这种刮法适用于较小面积或形状较复杂部位的刮涂。

软上硬收:先用软刮刀在垂直平面上刮涂原子灰,再用硬刮刀将原子灰收刮平整,这样原子灰就不容易发生掉落。

硬上硬收:上原子灰和收原子灰都用硬刮具以利于刮涂面平整。这种刮法适合刮涂既有平面又有曲面的构件。

软上软收:上原子灰和收原子灰时均采用软刮具,以利于按构件表面的图形刮出圆弧形。这种刮法适合刮涂单纯曲面构件。

（3）不同板件情况的刮涂方法

平面局部修补原子灰时,一般采用填刮的刮涂方法:第一步,将原子灰往金属表面上薄薄地抹一层,刮刀上要加一定的力,以提高原子灰与金属表面的附着力。第二步,逐渐用原子灰填满修补的凹坑,刮涂时,刮刀的倾斜角度随作业者的习惯而存在差异,通常以 35°～45° 为好。要注意原子灰中不要混入空气,否则会产生气孔和开裂。第三步,用刮刀轻轻刮平修补表面。如果是曲面,第一、第二步可采用填刮,第三步应换用橡皮刮刀进行刮涂,如图 4-9 所示。

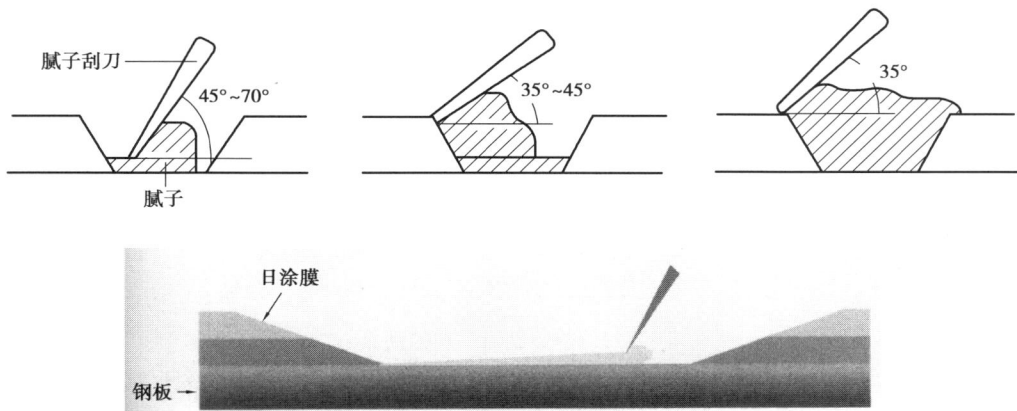

图 4-9　局部修补原子灰刮涂法

大面积刮腻子时,使用宽刮刀比较方便,如车顶、发动机罩、行李箱罩和车门等,使用宽的橡皮刮板,可以提高刮涂速度。

曲面刮涂时,应使用橡胶刮刀。可根据被刮涂面的形状,使用弹性不同的刮刀,如图 4-10 和图 4-11 所示。

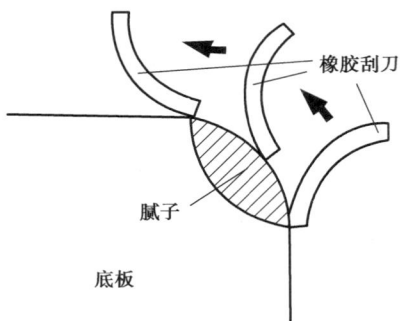

图 4-10　曲面刮涂的方法　　　　　　图 4-11　弹性不同的刮刀

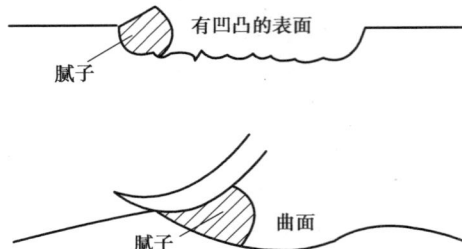

棱线处原子灰的刮涂。汽车钣金件在冲压时按一定角度交接的两个面,若需在冲压线部位刮原子灰,沿着交接线贴上胶带纸遮盖住一侧,刮另一侧的原子灰;稍隔片刻(约 5 min),待原子灰干后,揭下胶带,在已刮好的一侧贴上胶带纸遮盖,接着刮涂剩下的一侧。如此进行,可很好地恢复冲压棱线的线型。具体方法如图 4-12 所示。

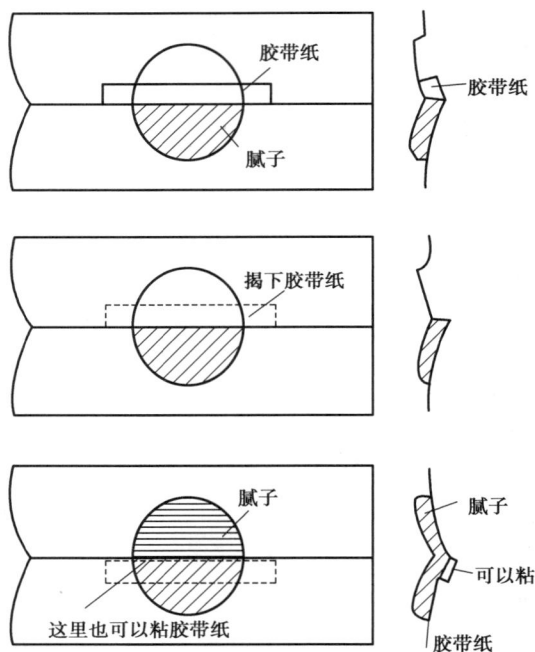

图 4-12　棱线处原子灰的刮涂

如果钣金件某处的腻子修补严重,或原来的旧漆膜较厚,一次刮涂填不满,可按如图 4-13 所示分 2~3 次刮涂。这种情况下,可以在前一层处于半干的状态下,刮上新的一层。一次刮涂过厚,会出现气孔等问题,如图 4-14 所示。

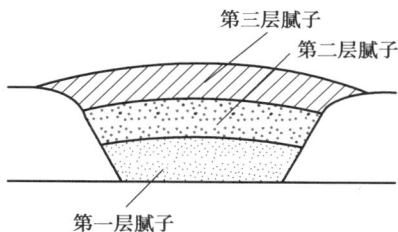

图 4-13 填补较厚时的原子灰刮涂

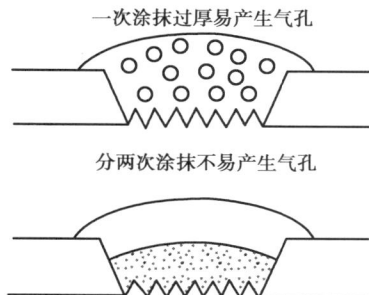

图 4-14 刮涂过厚形成气孔

较大平面修补时,可按下述步骤进行原子灰刮涂。

①如图 4-15(a)所示,施涂第一层原子灰时,将原子灰薄薄地施涂在整个表面上。

②为了最大限度地减少在后续打磨工序中所需的工作量,施涂第二层原子灰时,边缘不要太厚。如果刮刀处于图 4-15(b)所示的位置,可用食指向刮刀的顶部施力,以便在刮刀顶部涂一薄层。

③如图 4-15(c)所示,在施涂下一道原子灰时,要与在第二层中覆盖的部分稍有重叠。为了在这一道开始时涂一薄层,需用一点力,将刮刀抵压在工件表面上,然后释放压力,同时滑动刮刀。此外,在施涂结束时,要向刮刀施加一点力,以便涂一薄层。

④如图 4-15(d)所示,重复第三步,直到在整个表面上施涂的原子灰达到要求。

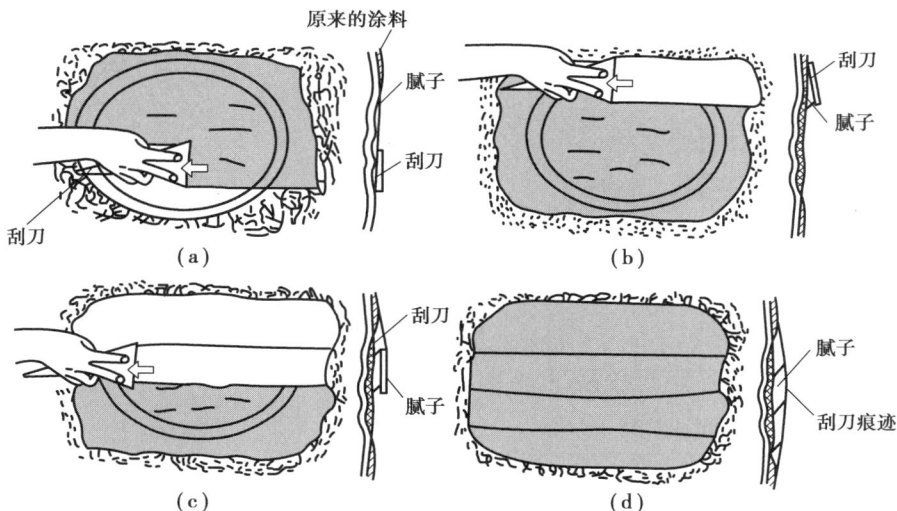

图 4-15 平面施涂原子灰的步骤

较大平面刮涂也可采用如图 4-16 所示的方法,先将原子灰施涂在待刮涂区域中间,再用刮刀向四周摊开。在进行刮涂操作时,一定要注意,各次运刮应有一定的重叠(约 1/3),如图 4-17 所示,以防止出现"刮棱"而影响表面平整度及打磨效果。

无论是大平面还是局部刮涂原子灰,最后完工后,原子灰的表面一定要比周边的旧漆膜高,以便在后续的打磨时获得与旧漆膜等高的表面。

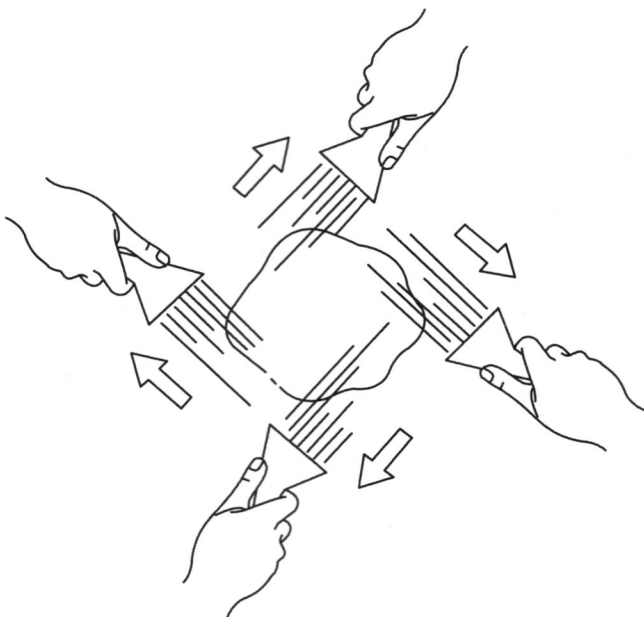

图 4-16　由中间向四周的刮涂方法

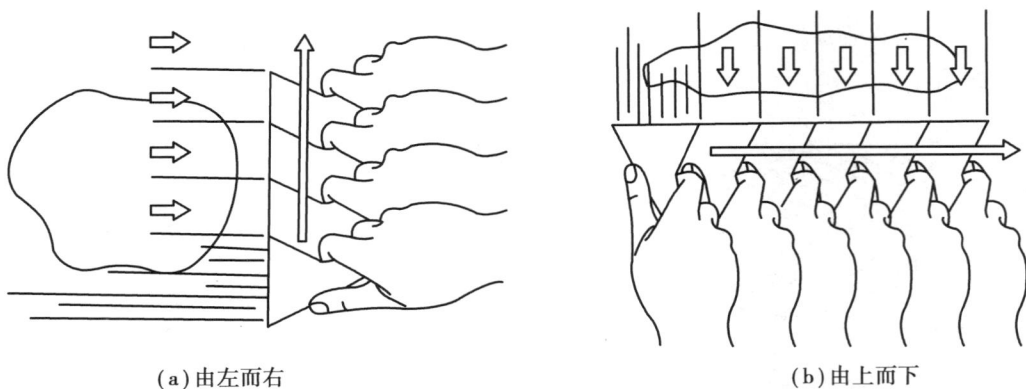

（a）由左而右　　　　　　　　　　　　（b）由上而下

图 4-17　各次运刮的重叠

4. 原子灰的施涂工艺流程及注意事项

原子灰的涂装工艺如图 4-18 所示。

刮腻子时应注意的事项如下：

①刮涂前被涂装表面必须干透。

②应在一两个来回中刮平。

③刮涂时，四周的残余腻子要及时收刮干净。

④如果需刮涂的腻子层较厚，要多层刮涂，每刮一道都要充分干燥。

⑤腻子刮涂工具用完后，要清洗干净后再保存。刮刀口及平面应平整无缺口，以保障刮涂腻子的质量。

⑥夏季天气炎热，温度较高，腻子容易干燥，成品腻子可用稀料盖在上面，冬季放在暖处，以防结冻，用时可加一些清漆和溶剂。

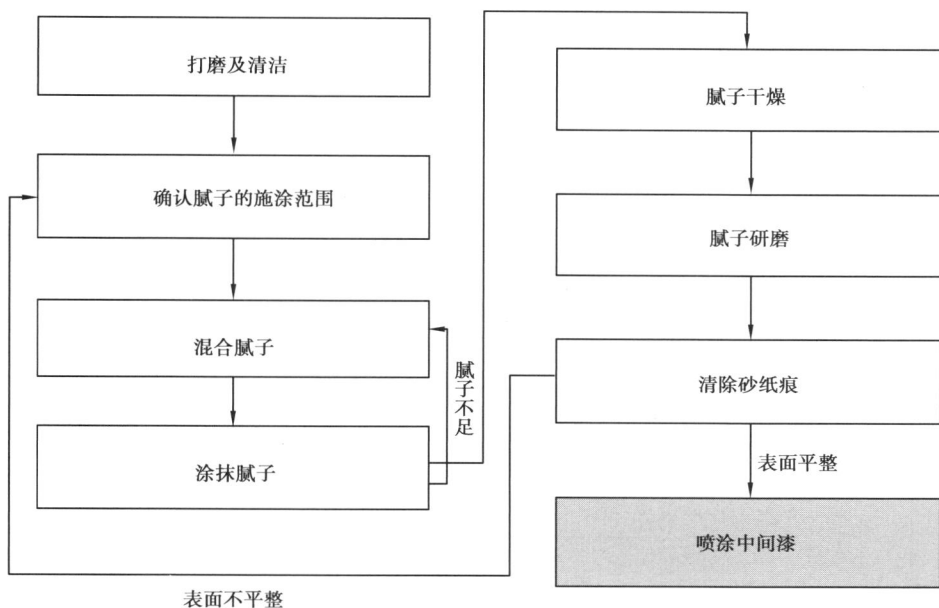

图 4-18 原子灰的涂装工艺

⑦如果刮刀在各道施涂中仅向一个方向移动,腻子高点的中心就有所移动,这种情况很难打磨,所以刮刀在最后一道中必须反向移动,以便将腻子高点移回中央。

5. 原子灰的干燥

新施涂的原子灰会因其自身的反应而变热,从而加速固化反应。一般在施涂后 20 ~ 30 min 即可打磨。如果气温低或湿度高,原子灰的内部反应速度降低,从而需要较长的时间来使原子灰固化。为了加快固化,可以用红外线灯加热。

涂层薄的地方的温度往往比涂层厚的地方低。这种较低的温度会减缓涂层的固化速度。因此,一定要检查涂层薄的部分,以确保原子灰的固化状况。检测原子灰是否完全干燥,通常用刮刀在原子灰表面轻划,如果有轻微的划痕即可。注意,检查时应重点检查原子灰的周边区域,如图 4-19 所示。

图 4-19 原子灰的检查

📖 思考题

1. 当板件损伤达到何种程度时需要刮涂原子灰?
2. 汽车板件修补中常用的原子灰类型有哪些?请说明其特点及应用。
3. 平面局部刮涂原子灰时要注意哪些问题?
4. 原子灰刮涂范围的要求原则是什么?

			_____任务工单		
1	工作安全				
2	工具设备				
3	工作步骤				
4	注意事项				
5	小结与反思				

任务评价					
学生姓名：			工作任务：		
序号	技术要求	配分/分	学生自我评估	小组评估	教师评估
1	正确穿戴防护用品	10			
2	准备车身板件	10			
3	正确混合原子灰	20			
4	第一遍,薄刮原子灰	20			
5	第二遍,刮涂原子灰,修整	20			
6	原子灰的干燥	10			
7	整理场地"7S"	10			
	合计	100			

任务 9　打磨原子灰

📖 任务目标

1. 能够正确进行原子灰的打磨。
2. 能够规范进行原子灰的修整。
3. 具备安全生产意识、环境保护意识以及团队协作意识的职业素养。

📖 任务描述

现有一辆左侧前车门局部轻微受损变形的事故车辆,已经对受损部位进行了打磨预处理并喷涂了环氧底漆,刮涂原子灰干燥后,按照涂装工艺流程,本任务环节需要对刮涂后的原子灰进行打磨作业。

📖 任务分析

受损车门刮涂原子灰干燥后,由于原子灰的表面不平整,比周围的旧漆膜高,所以必须经过打磨,保证在其上涂装中涂底漆和面漆后总漆膜厚度与周围的旧漆膜接近,如图 4-20 所示。

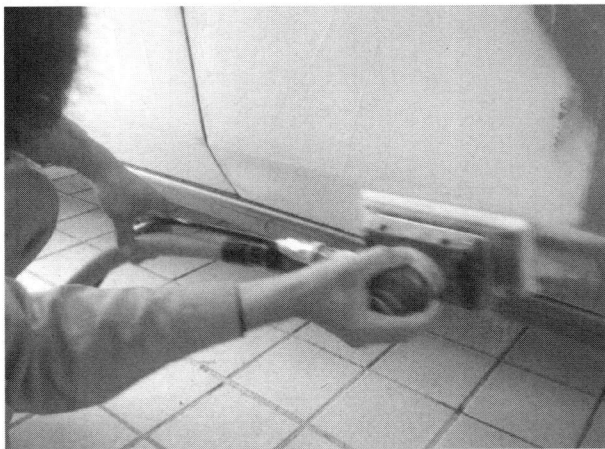

图 4-20　原子灰打磨

📖 任务准备

物料准备:包括各种型号的打磨机,P80、P150、P240、P400 不同型号的砂纸,碳粉指示剂和除尘枪。

人员准备:穿戴化学防护服、棉纱手套、防毒面罩、护目镜、安全鞋。

📖 任务实施

1. 按要求正确穿戴防护用品

①正确穿戴工作服、棉手套。

②打磨原子灰时,必须佩戴防尘口罩。

③用干磨机打磨原子灰时,必须佩戴护目镜。

2. 手工打磨形状复杂的原子灰

整个打磨过程中,借助碳粉随时检查原子灰的平整度,砂纸的选择如图 4-21 所示。打磨后,腻子只能留在裸金属上。

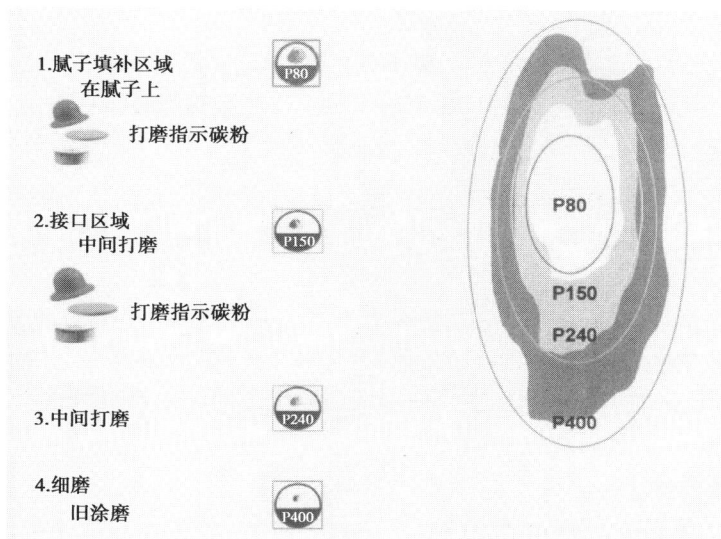

图 4-21 打磨时砂纸的递进顺序

①粗打磨,用 P80 砂纸打磨。只打磨原子灰中部较高的表面,直到整个原子灰表面略高于旧漆层。打磨时,注意不要始终按一个方向打磨,应经常改变打磨方向,以"米"字形交叉打磨可获得较为平滑的表面。

②换用 P150 砂纸打磨。此次打磨应扩展到整个涂了原子灰的区域。

③补刮腻子。打磨后用压缩空气吹去灰尘,检查原子灰表面,如果原子灰表面局部露铁、面积不够、白度不够,则应补涂原子灰→干燥→粗打磨,直到确认原子灰表面平整,高度符合要求(比旧漆膜高)。

④细打磨,用 P240 砂纸整体打磨,区域限制在底处理留下的羽状边以内。此时,应重点关注原子灰与旧漆膜交界处,此处往往有较深的砂纸打磨痕迹,必须仔细打磨。

⑤换用 P400(或 P320)的砂纸进行整体打磨,打磨区域应扩展到旧漆膜上,凡准备喷涂中涂底漆的范围。此时,还需重点关注原子灰与旧漆膜的交界处,如果此处不打磨平滑,在后续的喷涂中涂底漆时,则会因砂纸打磨痕内易存留溶剂而产生起泡现象。

3. 较大面积原子灰机械打磨

选用偏心距为 7 mm 的打磨机配合 P240、P320 等砂纸打磨整板旧涂层时，难以打磨的位置可以用红色菜瓜布打磨，使整板表面平滑。

4. 清洁车身

用除尘枪吹除整个板件表面的灰尘，在原子灰涂层周围除油，原子灰表面不能使用除油剂。

5. 整理工作

施工结束后，按"7S"要求整理设备和场地，保持场地清洁。

📖 知识链接

原子灰打磨

在汽车涂装施工打磨操作过程中，通常采用手工打磨和机械打磨两种方式。

1. 手工打磨

手工打磨适用于对小面积原子灰的粗磨和大面积的细磨以及需精工细磨的部位（如对型线、曲面、转角及圆弧和弯曲等部位）的修整。手工打磨是用在磨块上包砂布（纸）的方法进行的打磨。

手工打磨又分为手工干磨法和手工湿磨法两种。手工湿磨法也称水磨法，操作时无粉尘飞扬、生产率高、打磨质量好，但水磨后的涂层上有水，需经烘干后方可进行下一道工序施工，故生产周期长，而且会因水分清理不彻底而形成后续施工的缺陷。故大部分涂料生产商均建议采用干磨法。

2. 机械打磨

机械打磨适用于较大面积原子灰的整平，最好选用直行式或往复式，也可选用双作用式。

无论选用哪种机械打磨，正确选择打磨头是提高作业效率的重要因素。其中包括砂纸的装卸应简单容易，安装砂纸的表面应平整，能与漆膜接触良好，硬度要适宜等。

原子灰的机械打磨

打磨时应注意，打磨头的工作面应保持与原子灰表面平行，如图 4-22 所示。打磨时，不能施力过大，应将打磨机轻轻压住，依靠旋转力进行打磨。施力过大，就不能形成平整表面，应采用"米"字形打磨，如图 4-23 所示。

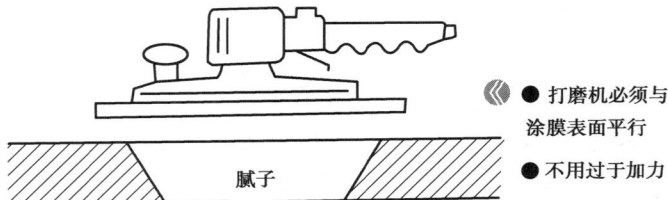

● 打磨机必须与涂膜表面平行

● 不用过于加力

腻子

图 4-22　打磨机的使用

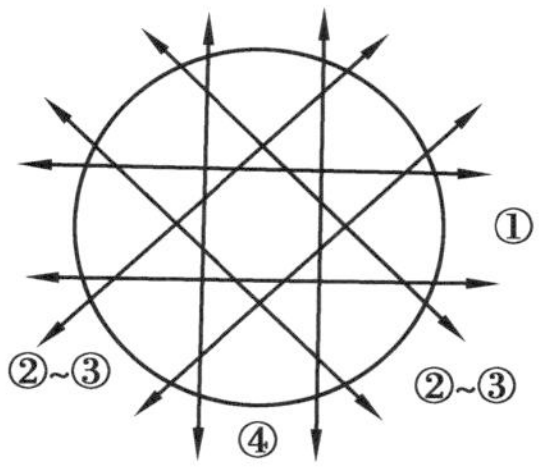

先沿①所示方向左右运动；然后沿②和③斜向运动；接着沿④上下运动，这样可以基本消除变形。最后再沿①左右运动一次，能更好地消除变形。

图 4-23　"米"字形打磨

机械打磨的一般步骤如下：

①用 P80 砂纸打磨。只打磨原子灰区域的中部较厚处，使整个原子灰表面略高于旧漆层为止。

②换用 P150 砂纸打磨。此次打磨应扩展到接口区域，即底处理留下的羽状边区域。根据需要施涂原子灰，待原子灰干燥后用 P150 砂纸手工打磨原子灰表面及羽状边区域。

③施涂打磨指导层。

④换用 P240 砂纸打磨。此次打磨应扩展至旧漆膜，区域不宜太大，按 P150 砂纸打磨区域向外扩 3 ~ 5 cm，重点关注原子灰与旧漆膜的交界处。

⑤换用 P400 砂纸打磨。此次打磨扩展至旧漆膜，区域为需要喷涂中涂底漆的整个表面。

📖 思考题

1.简要说明手工砂纸打磨原子灰的操作流程。

2.用打磨机打磨原子灰的操作要领是什么？

3.简要说明打磨机打磨的一般步骤。

		_____任务工单	
1	工作安全		
2	工具设备		
3	工作步骤		
4	注意事项		
5	小结与反思		

任务评价					
学生姓名：			工作任务：		
序号	技术要求	配分/分	学生自我评估	小组评估	教师评估
1	正确穿戴防护用品	10			
2	用 P80 砂纸粗磨板件	15			
3	用 P150 砂纸粗磨板件	15			
4	补刮腻子	15			
5	细磨板件	15			
6	大面积原子灰机械打磨	15			
7	清洁车身	5			
8	整理场地"7S"	10			
	合计	100			

项目五
中涂底漆的涂装

【项目描述】

原子灰表面打磨完成后,通常需要喷涂中涂底漆,以填平原子灰表面缺陷,为面漆喷涂建立良好的表面质量。如果在原子灰的表面整体施涂了细原子灰,经打磨平整后检查,表面符合喷涂面漆的要求,则可不喷涂中涂底漆。

对旧涂膜起细微橘皮的部位,喷涂中涂底漆,填平凹陷部位,然后经打磨平整后即可喷涂面漆。

任务 10 喷涂中涂底漆

📖 任务目标

1. 了解中涂底漆的功用及选择方法。
2. 掌握中涂底漆的涂装工艺流程。
3. 能够正确干燥中涂底漆。
4. 具备安全生产意识、环境保护意识以及团队协作意识的职业素养。

📖 任务描述

现有一辆左侧前车门局部轻微受损变形的事故车辆,已经对受损部位进行了原子灰的刮涂及打磨工作,按照涂装工艺流程,本任务环节需要进行中涂底漆喷涂的作业。

📖 任务分析

原子灰表面打磨完成后,通常需要喷涂中涂底漆,以填平原子灰表面缺陷,为面漆喷涂建立良好的表面质量。如果在原子灰的表面整体施涂了细原子灰,经打磨平整后检查,表面符合喷涂面漆的需要,可不喷涂中涂底漆(图5-1)。

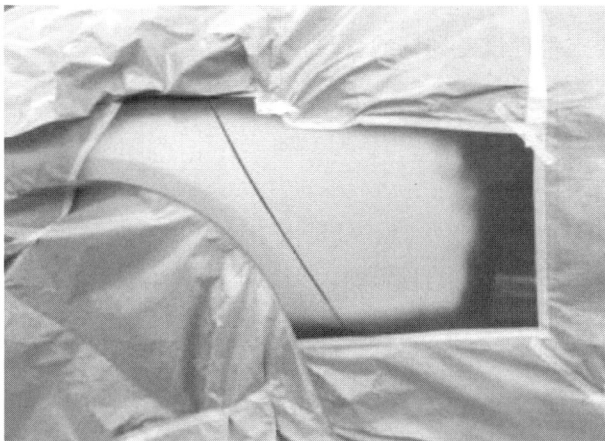

图 5-1 中涂底漆的喷涂

📖 任务准备

物料准备:工具车,板件,除油布,装有除油剂的耐溶剂喷壶,喷枪,红色、灰色菜瓜布,手工模板。

人员准备:棉纱手套、化学防护服、胶手套、防护面罩、护目镜、安全鞋。

📖 任务实施

1. 劳动安全与卫生

按要求正确穿戴防护用品。喷涂中涂漆时需戴防毒面具、防溶剂手套、护目镜等。

2. 板件准备

上一任务中已经完成原子灰打磨的板件,检查待喷涂表面,进行必要的清洁除油,并遮盖无须喷涂的部位。

3. 调配中涂底漆

将油漆罐内的油漆搅拌均匀,并揉捏固化剂至均匀。严格按照产品说明的比例要求调配中涂底漆。中涂底漆与辅料的添加顺序是,先加中涂漆,再加固化剂,最后加稀释剂。

4. 选用和调试喷枪

喷涂中涂底漆选用口径为 1.5 ~ 2.0 mm 的喷枪,免磨中涂底漆选用口径为 1.3 mm 或 1.4 mm 的喷枪,按照喷涂气压、扇面大小、出漆量等调整空气喷枪。

5. 喷涂中涂底漆

按正确的喷涂要领喷涂 3 遍,每层喷涂之间须留一定的闪干时间。

6. 中涂底漆的干燥

在喷涂完成并闪干 5 ~ 10 min 后,待涂膜稍稍干燥,清除贴护,然后使用短波红外线烤灯烘烤 15 min 左右,烘干中涂漆。

7. 整理工作

结束后,按"7S"要求整理设备和场地,保持场地清洁。

中涂底漆的
选择

📖 知识链接

1. 中涂底漆的作用

对腻子层表面的气孔进行填眼灰,填平后,由于填眼灰干燥后收缩,表面会留下凸凹不平点,如图5-2所示。尽管经过手工精打磨操作,但也不能满足喷涂面漆的需要。此时一般需要喷涂中涂底漆。

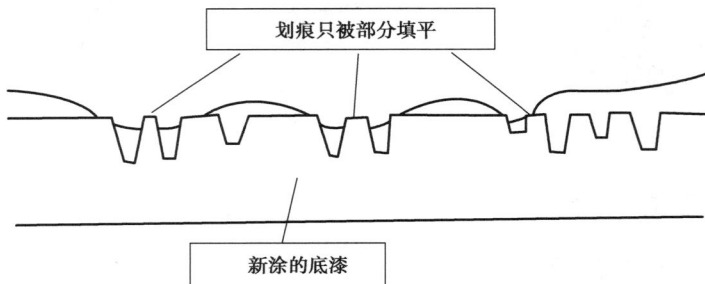

划痕只被部分填平

新涂的底漆

图 5-2　填眼灰干燥后的收缩情况

中涂底漆的主要作用一是填补表面,二是防锈。原子灰打磨完成后,需要选用厚涂性好、不吸水的中涂底漆与腻子相匹配。否则容易产生起泡问题,如图5-3所示,中涂底漆层被夹在耐水性较好的原子灰层和水难以透过的面漆层之间,因此水将会聚集在耐水性差的中涂底漆层。

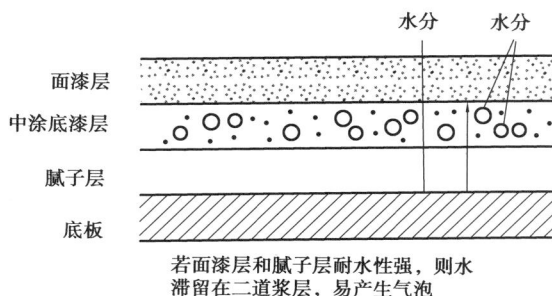

图 5-3　各涂层性能不均衡产生的起泡问题

随着对漆膜质量要求的提高,中涂底漆层的耐水性和附着性显得更为重要。尤其是当面漆涂料使用丙烯酸聚氨酯这一类漆膜性能和表面质量好的涂料时,应使用耐水性和附着力高的中涂底漆。

2. 中涂底漆喷涂的喷枪参数

喷枪气压(枪尾气压)与中涂漆喷涂面积有关,具体的喷枪气压设置见表5-1。若面积较大,气压调为上限;若面积较小,气压调为下限。喷枪具体的调整参数也可参照涂料厂商的产品资料和使用说明。

表 5-1　喷枪气压设置

喷枪类型	枪尾气压/kPa	
	打磨型中涂底漆	免磨型中涂底漆
传统喷枪	200~300	300~700
低流量中气压喷枪	150~200	200~250
高流量低气压喷枪	100~150	150~200

3. 中涂底漆的选择

目前使用的中涂底漆有硝基中涂底漆(1K型)、丙烯酸中涂底漆(1K型)和聚氨酯中涂底漆(2K型),各类型中涂底漆的特点对比见表5-2。

表 5-2　常用中涂底漆的特点对比

性能	1K丙烯酸中涂	聚氨酯中涂	1K硝基中涂
附着力	○	◎	×
填充性	○	◎	#
隔离性	○	◎	×

续表

性能	1K丙烯酸中涂	聚氨酯中涂	1K硝基中涂
抗水性	#	◎	×
干燥性	○	#	◎
打磨	◎	○	◎
防吸收性	#	◎	×
配合面漆颜色	#	◎	×

注:◎—优越,○—良好,#——一般,×—不良。

中涂底漆的选择原则:

①当旧涂膜是烤漆涂料或丙烯酸聚氨酯涂料时,选用硝基类中涂底漆问题不大,但要注意其质量,层间黏着力和耐水性一定要满足要求。

②当旧涂膜是改性丙烯酸或合成纤维素丙烯酸硝基漆时,以采用聚氨酯类中涂底漆为宜。

③局部修补时宜采用厚涂型合成树脂中涂底漆。

④在全涂装和油灰涂装面积宽的场合,以及当旧涂膜起皱时,最好使用聚氨酯类中涂底漆。

中涂底漆不能直接施涂在板件表面上,必须经过适当的处理后再使用(如喷涂填充底漆),表5-3为"鹦鹉"系列中涂底漆与板件材料的适用性。因此在实际工作中,选择中涂底漆需要重点关注的是中涂底漆与底漆的搭配。

表5-3 "鹦鹉"系列中涂底漆与板件材料的适用性

	底材	钢材	镀锌钢板	铝镁	有电泳底漆的原厂件	旧涂层
中涂底漆	285-0 VOC 鹦鹉高浓透明中涂底漆	×	×	×	○	○
	285-31 VOC 鹦鹉高浓免磨中涂底漆	○	○	○	○	○
	285-38 VOC 鹦鹉高浓免磨中涂底漆,白色	○	○	○	○	○
	285-49 VOC 鹦鹉高浓免磨中涂底漆,黑色	○	○	○	○	○
	285-95 VOC 鹦鹉高浓可调中涂底漆	#	#	#	#	#
	285-100 VOC 鹦鹉快干中涂底漆	○	○	○	○	○

注:×—不适用;○—在打磨至裸露金属或裸露金属表面时,使用"鹦鹉"283-150 VOC 磷化填充底漆或"鹦鹉"285-16 VOC 高浓热固填充底漆;

#—在打磨至裸露金属或裸露金属表面,使用"鹦鹉"283-16 VOC 高浓热固底漆。

不同涂料生产商的产品,搭配情况是不同的。从"鹦鹉"系列中涂底漆与底漆的搭配表5-4中可以看出,除水性底漆外,"鹦鹉"系列中的涂底漆与底漆基本上均能相互搭配。

表5-4　"鹦鹉"系列中涂底漆与底漆的搭配

底材		70-2 VOC 鹦鹉双组分 水性底漆	283-150 VOC 鹦鹉磷化填 充底漆	285-16 VOC 鹦鹉高浓热 固填充底漆	801-72 VOC 鹦鹉环氧填 布底漆
中涂底漆	285-0 VOC 鹦鹉透明底漆	×	○	○	○
	285-31 VOC 鹦鹉高浓免磨中涂	×	○	○	○
	285-38 VOC 鹦鹉高浓免磨中涂白色	×	○	○	○
	285-49 VOC 鹦鹉高浓免磨中涂黑色	×	○	○	○
	285-95 VOC 鹦鹉高浓可调色中涂	×	×	○	○
	285-100 VOC 鹦鹉快干中涂	×	○	○	○

注:×—不适用;○—合适的底漆/填充底漆/中涂底漆搭配。

4. 中涂底漆喷涂工艺

①按正确的喷涂要领(喷涂距离、走枪速度、扳机控制、雾形重叠比例等),先在原子灰与旧漆膜边缘交接部位薄薄地喷涂,使旧漆膜与原子灰的交界面融合,如图5-4所示的第一遍。

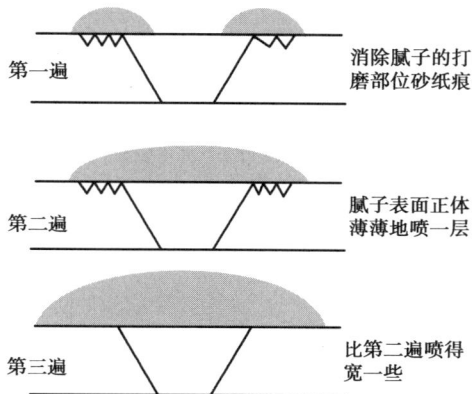

中涂底漆的
喷涂

第一遍　消除腻子的打磨部位砂纸痕

第二遍　腻子表面正体薄薄地喷一层

第三遍　比第二遍喷得宽一些

图5-4　中涂底漆喷涂顺序

②待其稍干后,接着给整个原子灰表面薄喷一层,喷涂后形成的表面应平整光滑,作为第二遍。

③取适当的时间间隔,分几次薄喷,一般要喷 3～4 层,注意每层之间须留出 5 min 的闪干时间,完成第三遍喷涂。

5. 中涂底漆喷涂注意事项

(1)中涂底漆一次不能喷涂太厚

分几次喷涂表面看起来更花时间,但实际上,喷涂两道涂料时,边喷边用吹风机加快溶剂的挥发,比一次厚厚地喷涂干燥速度快,作业效率也高。其原因是溶剂的挥发速度与膜厚的二次方成反比,若漆膜厚,溶剂会滞留在漆膜内难以挥发。比如将分三次涂装的膜厚一次喷涂,则挥发速度反而大大减慢,打磨和修补无法进行,最终结果是作业速度下降。

如果一次喷涂过厚,溶剂残留在漆膜内难以挥发,如图 5-5 所示,原子灰边缘的旧漆膜会被浸润膨胀,而腻子部位已经硬化,在喷涂了面漆之后就会起皱,所以中涂底漆切忌一次喷涂过厚。所谓的厚涂型中涂底漆,也并不是一次喷涂就很厚,而是分几次喷涂,最终形成的中涂底漆涂层较厚。

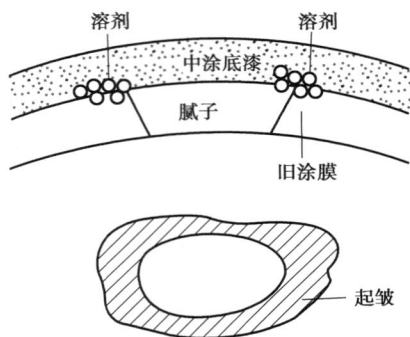

溶剂浸蚀旧涂膜,故在腻子边线出现起皱

图 5-5　原子灰边缘起皱的原因

(2)寒冷季节和雨天喷涂中涂底漆应做去湿操作

气温低和湿度大时,应采用红外线灯管或热风加热器,将涂装面加热到 25 ℃ 左右,以除去湿气。喷涂的中涂底漆黏度以 18～20 s 为宜,其他做法基本不变。

6. 中涂底漆的干燥

中涂底漆在自然条件下需要很长时间才能固化干燥,为了提高工作效率,中涂底漆应强制加温干燥。中涂底漆加温干燥的方式有两种:一种是使用烤漆房升温烘烤,它适用于较大面积的中涂底漆的干燥;另一种是使用红外线烤灯对板件部分烘烤,它适用于较小面积的中涂底漆的干燥。

📖 思考题

1. 为什么要喷涂中涂底漆?

2. 如何根据旧漆膜的情况正确选择中涂底漆?

3. 在原子灰表面喷涂中涂底漆时,为什么开始一定要在原子灰与旧漆膜交界处薄喷一遍?

4. 为什么中涂底漆一次不能喷得太厚?

_____任务工单		
1	工作安全	
2	工具设备	
3	工作步骤	
4	注意事项	
5	小结与反思	

任务评价					
学生姓名：			工作任务：		
序号	技术要求	配分/分	学生自我评估	小组评估	教师评估
1	正确穿戴防护用品	10			
2	按技术说明正确调配中涂底漆	10			
3	清洁待喷涂的板件表面	10			
4	正确选用和调试喷枪	10			
5	第一遍喷涂中涂底漆	15			
6	第二遍喷涂中涂底漆	15			
7	第三遍喷涂中涂底漆	15			
8	中涂底漆的干燥	5			
9	整理场地"7S"	10			
	合计	100			

任务 11　打磨中涂底漆

📖 任务目标

1. 能够正确修整、打磨中涂底漆。
2. 能够正确进行中涂底漆打磨后的质量检查,并对出现的缺陷进行合适的处理。
3. 具备安全生产意识、环境保护意识以及团队协作意识的职业素养。

📖 任务描述

现有一辆左侧前车门局部轻微受损变形的事故车辆,已经对受损部位进行了中涂底漆喷涂的工作,按照涂装工艺流程,本任务环节需对干燥的中涂底漆进行打磨作业。

📖 任务分析

原子灰表面残留的气孔、划痕、油污以及不正确的喷涂施工方法等,均会在中涂底漆的表面留下缺陷,故在打磨前,需对缺陷进行修整(也可在粗打磨中涂底漆后修整)。待修整完成后进行打磨(图 5-6),为面漆喷涂准备良好的表面。

图 5-6　打磨中涂底漆

📖 任务准备

物料准备:工具车,板件,除油布,装有除油剂的耐溶剂喷壶,喷枪,红色、灰色菜瓜布,手工模板。

人员准备:棉纱手套、化学防护服、胶手套、防护面罩、护目镜、安全鞋。

📖 任务实施

1. 劳动安全与卫生

按要求正确穿戴防护用品。喷涂中涂漆时需戴防尘口罩、棉纱手套、护目镜等。

2. 板件准备

任务 10 中已经完成了中涂底漆的喷涂,检查板件的待打磨区域,进行必要的修整。

3. 手工干磨

在干燥的中涂漆表面施涂打磨指示层,帮助判断板件表面的状况。使用干磨手刨配合 P320 砂纸手工打磨中涂漆底纹较粗的区域和填充原子灰的区域。

4. 机器打磨

如果中涂漆表面平滑,可直接用偏心距为 3 mm 的打磨机配合 P320 和 P400 砂纸打磨整板。在打磨过程中,可根据需要使用打磨软垫。

5. 打磨边角部位

使用灰色菜瓜布打磨边角等部位,必要时可配合使用打磨膏。

6. 板件清理

用干净的布擦拭打磨表面的污物,用除油剂对整板表面进行除油。

7. 整理工作

施工结束后,按"7S"要求整理设备和场地,保持场地清洁。

📖 知识链接

1. 中涂底漆喷涂效果检查

①涂层丰满,达到规定厚度。

②橘皮纹理均匀,能将所有缺陷部位完全遮盖,边缘过渡平顺、无明显凸台。

③无明显流挂,流挂高度不超过 1 mm,长度不超过 10 mm。

④无咬底、油点等涂膜缺陷。

⑤车身其他部位保护良好,无漆雾附着。

如果不能达到上述要求,视情况进行补喷。

2. 中涂底漆修整作业

①准备刮刀,修补工作用木刮刀或塑料刮刀均可。

②如果填眼灰为胶管式包装,则在取灰前,应用手反复揉搓使填眼灰充分混合均匀。如果为铁罐包装,打开盖后发现有明显的分层现象,也应用搅拌杆充分搅拌均匀。

③取少量填眼灰置于小托板上(也可置于刮刀上)。

④用刮刀的尖部用力将填眼灰薄薄地刮涂于缺陷处,如图 5-7 所示。

中涂底漆的打磨

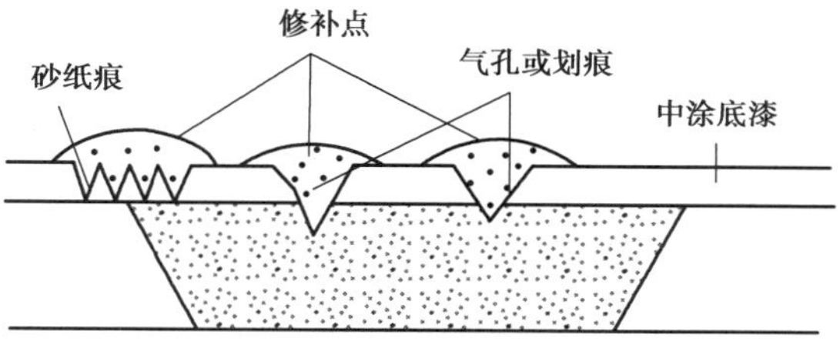

图 5-7 中涂底漆的修整

3. 中涂底漆打磨完成标准

中涂底漆打磨完成标准是表面光滑,无砂眼、砂纸痕等缺陷;边缘无台阶;无磨穿、空漏底等现象。

如果打磨过度造成磨穿、裸露金属、裸露原子灰,那么面漆的光泽会因原子灰吸收涂料而受到影响,漆膜的防锈能力也达不到要求。对于裸露金属的部位需喷涂环氧底漆或侵蚀底漆,应重复喷涂底漆;对于裸露原子灰的部位,应喷涂中涂底漆。

📖 思考题

1. 喷涂中涂底漆到什么程度为合格?
2. 中涂底漆打磨结束后的质量检测有哪些要点?

		_____任务工单
1	工作安全	
2	工具设备	
3	工作步骤	
4	注意事项	
5	小结与反思	

任务评价				
学生姓名：				工作任务：
序号	技术要求	配分/分	学生自我评估	小组评估	教师评估
1	正确穿戴防护用品	10			
2	检查待打磨的板件	10			
3	粗糙表面的手工干磨	20			
4	平整表面的机器打磨	20			
5	边角部位的打磨	20			
6	板件的清理	10			
7	整理场地"7S"	10			
	合计	100			

项目六
面漆的调色

【项目描述】

在汽车维修企业日常业务中,事故车维修大约占 70%,而在事故车维修作业中,汽车涂装作业约占 40%。在汽车涂装维修厂,颜色的精准匹配对汽车修补质量至关重要。汽车生产厂商都会对每款车色指定色号,同时涂料生产商也会为每个色号开发和制作修补颜色配方。由于环境、气候等因素,车辆修补时往往需要对色漆配方进行微调,以更好地与车辆颜色匹配,这就是常说的调色。好的专职调色技师,既能喷涂又能调色,在汽车修补行业中十分受欢迎。

任务 12　素色漆的调色

📖 学习目标

1. 能够正确解释颜色定义及色调、明度和彩度。
2. 能够正确描述颜色的变化规律。
3. 能够正确描述调色的次序。
4. 能够正确描述调色工具的作用。
5. 能够正确使用调色工具。
6. 能够利用色卡进行素色漆的调色。
7. 能够注意培养良好的安全意识、卫生习惯、环境保护意识及团队协作意识的职业素养。
8. 能够检查、评价、记录工作过程。

📖 任务描述

现有一辆右侧车门局部轻微受损变形的事故车辆(图 6-1),已经对受损部位进行中涂底漆打磨,即准备喷涂面漆。为了使修补区域喷涂面漆颜色与周边旧漆膜一致,按照涂装工艺流程,本任务环节必须对准备喷涂的面漆进行调配,即调色。

图 6-1　准备喷涂的表面

📖 任务分析

所有喷涂板件本身有一定颜色,在实际使用中所购买的涂料与所喷汽车表面颜色不同,要想修补颜色与原汽车颜色一致,就需弄清材料的化学性质,不同性质的涂料不能进行调配。同时掌握调色的基本技法,对涂料颜色进行调配。

任务准备

物料准备:底漆喷涂相同色母、色母特性表、电子秤、调漆尺、调漆杯、烤箱、喷枪、试色板、比色灯箱。

人员准备:穿戴防护服、耐溶剂手套、防护面罩、护目镜、安全鞋、耳塞。

任务实施

1. 查询汽车涂层颜色代码

大部分车型,特别是进口车型,车身铭牌上都标有涂层的代码。根据这一代码通过胶片或电脑资料即可找到涂层信息。所以通常在进行调漆前,要在车中找到所需颜色的编号。

各汽车公司生产的不同型号汽车的漆代码标志的位置不相同。

如果能找到颜色代码,则按以下步骤进行操作。

步骤1:如已确知所需颜色的原厂编号,可直接查阅有关汽车制造商卡盒首页的编号目录。

步骤2:选择与汽车制造商有关的卡盒。

步骤3:利用编号目录找出所需颜色。

步骤4:配合页数指示找出所需颜色。

步骤5:对比颜色卡与车身颜色,如有差异,可选配最合适的颜色。

步骤6:利用微型胶片阅读机找出颜色的配方。

步骤7:在正式调配大量油漆前,谨记先试喷少量于试板上,然后对照车身颜色,确保准确无误。

如果未找到颜色原厂编号,则可按以下步骤操作。

步骤1:如未能找到颜色的原厂编号,可先以汽车制造商卡盒作为测色谱,挑出与车身最吻合的颜色。

步骤2:选择与汽车制造商有关的卡盒。

步骤3:选出合适的颜色组别。

步骤4:颜色相近的色逐一与车身对照,选出最吻合的颜色。

步骤5:利用微型胶片阅读机找出颜色的配方。

步骤6:在正式调配大量油漆前,谨记先试喷少量于试板上,然后对照车身颜色,以确保准确无误。

2. 调配色漆

(1)表面准备

在日常工作中,通常使用的配色标准板(如油箱盖、车身部件)的表面往往有许多污染物,可能影响颜色的比对效果。因此,在配色前,应该用细蜡进行清洁处理,以免造成完工后车身上的颜色差异。

(2)对比色卡

工作中,经常会遇到某些车型的颜色资料不全的情况,比如,全车改过色,或国产车颜色色号不在车身上,从而无法在车身上找到原厂色号,此时,可以利用油漆公司提供的各种色卡,从色相、明度、彩度 3 个方面进行对比,挑出相对接近的颜色,然后根据色卡查出对应的胶片标号,得出相对接近的配方。色卡对比时,可选用以下方法:101 颜色目录;CPSM/CPSU 系列全能对比色卡;原厂的颜色资料箱。

(3)查询配方

从车身上查到原厂漆号或通过色卡对比找到色号,然后查找正确的微缩胶片号,用阅读机进行阅读,找到正确的配方。也可用电脑查到配方,如果电脑中存有所有色卡配方,则用户只须将查找到的色号和所需量输入电脑就可直接查阅计算好的配方数据。这种方法快捷、方便、计算准确。还可用便携式电脑测色仪的探头直接在汽车上的待修补部位测出最为可靠的数据。该数据经配色系统处理后,可以获得精确的配方,这种方法高效、快捷。特殊情况下,还可通过品牌油漆的全球联网系统查询最新的配方。

(4)计量、添加色母

找到颜色配方并确定需要量后,可利用电子秤计量需添加的相关色母的质量。在添加色母时,首先倾斜漆罐,然后逐渐拉操纵杆,让色母慢慢倒出(如果先拉操纵杆,那么当漆罐倾斜时,可能大量色母会立即倒出)。为了在倾斜末尾进行精细调整,必须小心操作操纵杆,以控制色母流量。虽然各种色母的质量因颜色而异,但是通常情况下,1 滴大约重 0.03 g,3 滴的重量在 0.10 g 左右,根据这一情况,在添加用量较少的色母时,一定要仔细称重,少用量色母的误差会对颜色造成较大影响。

添加误差占单个色母的比例越大,对颜色的影响就越严重。在添加完所有的色母后,要用搅杆或比例尺混合涂料,以产生均匀的颜色。如果涂料沾到容器的内壁,要用搅杆刮下涂料,以防产生色差。

(5)比对色板

为了保证调配良好,添加并搅拌均匀后的涂料应从色调、明度、彩度上与标准色板进行对比,该过程主要包括以下两个步骤。

1)准备

由于面积的大小会影响我们对颜色的判断,所以调色实验板必须大小一致,通常为 4 cm×5 cm。需要注意的是,调色实验板是不能吸漆的,吸漆后将发生化学反应,颜色会发生改变,喷涂试板晾干 15 min 后,放入烤箱中烘烤 20 min,温度为 70 ℃。试板固化后,将试板与车身颜色比对前,应将待修复车身的表面清洁抛光,然后在阳光下比较试板与车身颜色的差异,以获得准确的配色。

2)对比颜色

对比颜色的方法有比较法、点漆法、涂抹法和喷涂法 4 种。比较法是用调漆棒与车色直接比对;点漆法是将漆点在车身上,待干燥后进行比对;涂抹法是将漆均匀地涂抹在车身上,待干燥后进行比对;喷涂法是将漆喷涂在试板上,待干燥后与车身进行比对。前 3 种方法速度较快,但准确度稍差;喷涂法虽然速度较慢,但准确度高。如果比对结果颜色有差异,则需添加色母进行微调;如果比对结果已经能够满足颜色要求,就可以进行实车喷涂了。

在这个过程中,需要注意的事项如下:

①颜色调好后,必须马上进行测试。

②每一个色调样本必须紧靠另一个涂抹,不要留下任何空隙。

③待色板完全干燥后,方可将其与车身的颜色做比较。

3.添加色母进行微调

将色母加入计量配色涂料,并用搅杆进行颜色比较,可利用试杆施涂法,使新涂层重叠以前的涂装部分,这样容易显示出变化的程度及添加色母的效果。如果没获得理想的颜色,则须一点一点地添加所选择的色母,然后再进行试杆施涂和颜色比较,直至达到理想效果。

通过颜色对比后,如果发现所调颜色与汽车的颜色不一致,则必须鉴定出还应添加哪一种色母,继而添加该色母以获得理想效果,这一过程就是"精细配色"或"人工微调"。这是一个重新进行比较和添加涂料的循环,直至与汽车的颜色一致。

确定颜色调得非常接近是一项困难而重要的工作,最好用比色计确定颜色相差的程度,如果没有比色计,就只能靠目测,最好让尽可能多的人来帮助进行鉴定,得出结论。

📖 知识链接

配色基础

1.颜色的特性

物体因对光线有选择地吸收、反射、透射而产生颜色。当物体吸收了太阳光中所有可见光时,便呈现黑色;如果它反射了所有波长的可见光,便呈现白色;如果能全部透射太阳光,则是无色透明体;如果只反射(透射)一部分波长的可见光,则其余波长的可见光被吸收,物体呈现反射(透射)光的颜色。我们把物体的可以根据色调、明度和彩度来描述的某个特征称为颜色。

尽管颜色有很多种,但纵观所有颜色,都具有 3 个共同点,即一定的色彩相貌、明亮程度和浓淡程度。我们将颜色的这 3 个共同点称为颜色的三属性或特性,分别称为色相、明度和彩度。在调配颜色时,通过改变这 3 个要素,可以调配出千万种颜色,如图 6-2 所示。

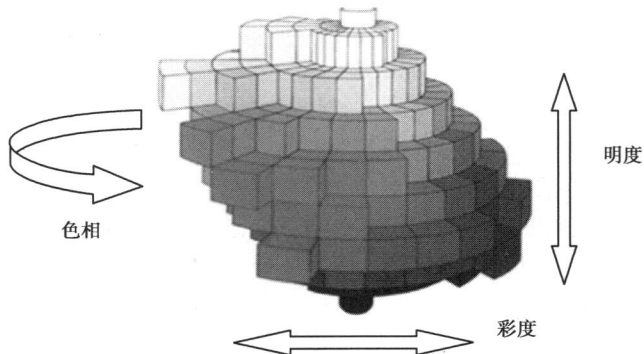

明度

色相

彩度

图 6-2　颜色的三属性

(1)色相

色相也称为色调或色别,是色彩最显著的特征,是不同色彩之间彼此相互区分的最明显的特征。色相表示一定波长的单色光的颜色相貌,能够比较确切地表示某种颜色色别的名称。色相由刺激人眼的光谱成分决定,随波长的变化而变化,不同波长的光给人的视觉感受是不一样的。将每一种色彩感受都赋予一个名称,如红、橙、黄、绿、青、蓝、紫,其中每一个名称都代表一类具体的色相。紫红、红、红黄等都是红色类中不同色相,这 3 种颜色之间的差别就属于色相的差别,如图 6-3 所示。

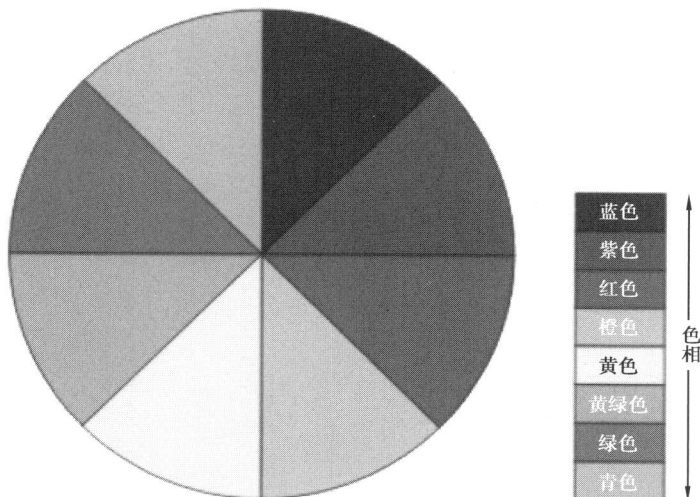

图 6-3　色调

（2）明度

明度也称为亮度、明暗度或光度。在无彩色中，明度最高的为白色，明度最低的为黑色。在有彩色中，任何一种纯度色都有自己的明度特征，一个彩色物体表面的反射率越大，看上去就越亮，这个颜色的明度就越高。明度表示一个物体反射光线多少的颜色属性，是人们所看到的颜色引起的视觉上明暗程度的感觉。

人眼对明暗的改变很敏感。反射光发生很小，甚至小于 1% 的变化，也能够被人眼感觉出来，明度随光辐射强度的变化而变化。

同一色相可以有不同明度，如红色就有紫红、深红、浅红和粉红等之分，它们看上去有深淡的区别。不同色调也可以有不同明度，如在太阳光光谱中，紫色明度最低，红色和绿色明度中等，黄色明度最高，所以人们感到黄色最亮。

明度一般用黑白度来表示，越接近白色，明度越高，越接近黑色，明度越低。因此，无论哪个色加上白色，都会提高混合色的明度，且加入白色越多，明度提高越大；反之，加入黑色则会降低明度，加入黑色越多，明度越低，如图 6-4 所示。如果加入灰色，那就要依据灰的深浅而定。

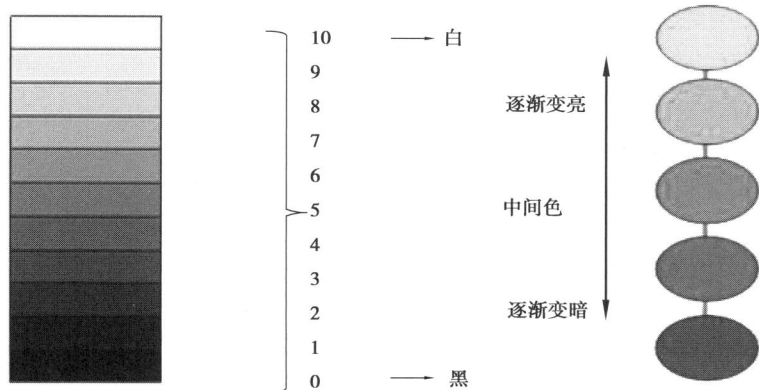

图 6-4　明度变化

（3）彩度

彩度也称为纯度或饱和度,指颜色的鲜浊程度(直观地说,就是色彩鲜艳与浑浊程度)。

彩度也指某种颜色含该色量的饱和程度,是针对颜色的色觉强弱而言的。

当某一颜色浓淡达到饱和时,若无白色、灰色或黑色掺入其中,即呈纯色(也称正色);若有黑、灰掺入,即过饱和色;若有白色掺入,即未饱和色(通俗地说就是色彩浓还是淡的感觉)。

高彩度的色调加入白色会变浅,提高明度,降低彩度。加入黑时变深,降低明度,同时也降低彩度。

每一色相都有不同彩度变化,标准的颜色彩度最高(其中,红色最高,青绿色最低,其他居中),黑色、白色、灰色的彩度最低。

有彩色物体颜色的彩度往往与物体的表面结构无关。如果物体表面粗糙,表面反射光呈漫反射,即在任何方向上都有白光的反射,则会在一定程度上冲淡色彩的饱和度,使颜色的彩度降低。

如果物体表面光滑,表面反射光是单向反射,这时若对着反射光观察,会由于光线亮得耀眼,使饱和度较低;而在其他方向上,由于反射光很少,颜色的彩度就较高,如图6-5所示。

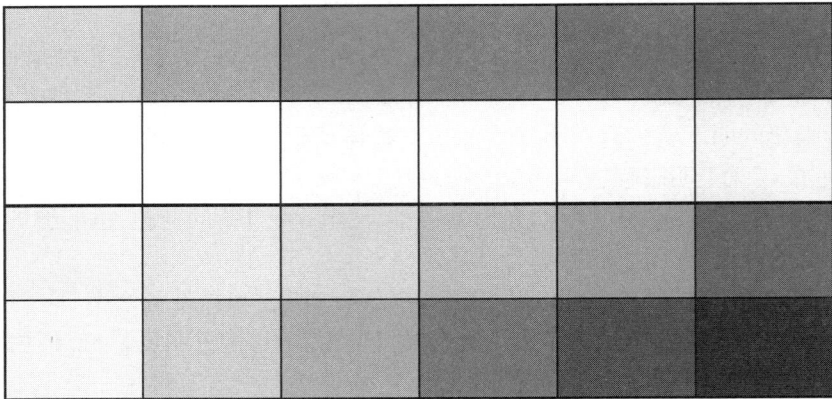

图6-5　由低彩度向高彩度渐进

2. 颜色的变化

颜色的种类很多,只要有光的地方就有颜色的存在,物体都有自己的颜色。颜色又以其最基本的3个原色中的某两个原色相混合或3个原色不等量相混合而形成多个间色,然后将原色同间色或两种间色相混合调成多个颜色,按照如此成色的规律延伸调配就可以得到数百万种颜色。

人的眼睛具有3种基本神经:感红、感绿和感蓝,并由此合成多种色感。光谱的不同部分能引起这3种视觉神经不同程度的兴奋,并将这些兴奋转换成信号传至大脑,而大脑将这些信号转换为色彩,于是人就看到了颜色。光的波长不同,其强度也不同,同一种光源能产生不同颜色。所以辨别颜色仅靠人的眼睛是比较困难的,人们必须找出基本颜色,由此进行混合成色,才能使配色有规律可循。颜色的3个原色是红、黄、蓝。称红、黄、蓝色为原色,是因为这3个颜色是用其他任何颜色都不能调出来的,而以这3个基本色混合调配可以调出其他无数颜色。

（1）三原色

红、黄、蓝是三原色，如图 6-6 所示。用色彩的产生和颜色的色调、明度和饱和度来解释三原色，以及两个原色相调配并继续再用其中的两个色相相调配，如此下去，其颜色的名称含义十分复杂，只能概念性地了解它们的配色与成色的规律，以供配色之用。

（2）间色

以 1∶1 比例将两种原色相调配而形成的一种颜色称为间色。间色也只有 3 个，即红色+蓝色为紫色；黄色+蓝色为绿色；红色+黄色为橙色，如图 6-7 所示。

图 6-6　三原色

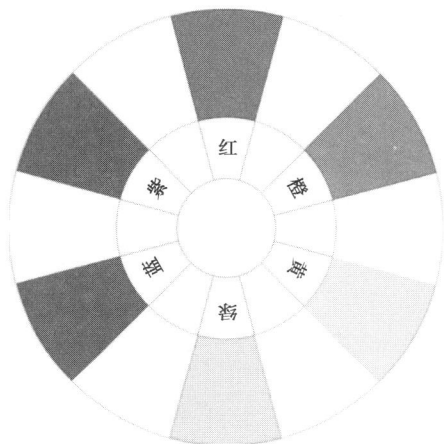

图 6-7　间色

（3）复色

两种间色混调或三原色按不同比例混调而形成的颜色为复色，如图 6-8 所示。

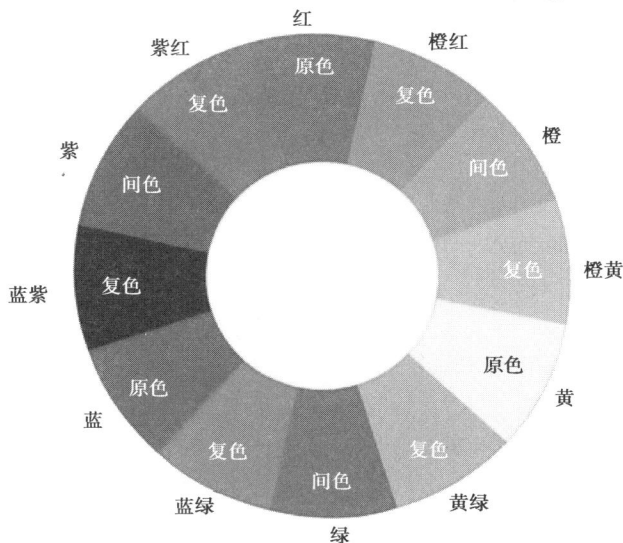

图 6-8　复色

（4）补色

两个原色形成一个间色，另一个原色即为补色；两个间色混合调为复色，与其相对应的另一个间色也称为补色。补色是一个奇特的色彩，当把它们并置在一起时，它们都可以最大限度地突出对方的鲜艳,但将它们相互混合时,色彩便从极度鲜艳变成灰黑色。补色现象是色彩混合的特殊效应,两个原色可以调成一个间色,该间色与另一个原色则互为补色。也就是说,这一间色包含另外两个原色,因此,一对补色总是包含三原色,同时也包含了全部色相,如图 6-9 所示。

红与绿互为补色＝红与黄+蓝

蓝与橙互为补色＝蓝与黄+红

黄与紫为互补色＝黄与红+蓝

补色相混、三原色相混都将产生中性灰色或黑色。

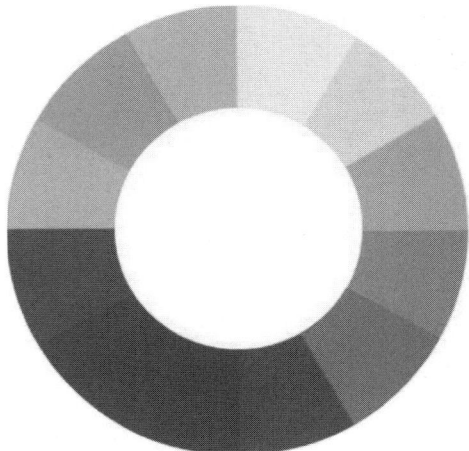

图 6-9　补色

（5）消色

在原色、复色中加入一定量的白色,便可调出粉红、浅红、浅蓝、浅天蓝、淡蓝、浅黄、牙黄、奶黄等深浅不一的多种颜色。加入黑色可调出棕色、褐色、墨绿色等不同颜色。由于白色和黑色起到了消色的作用,因此,将白色和黑色称为消色。

3. 色彩的混合

（1）色彩混合的定义

将两种或两种以上色彩通过一定方式混合在一起,产生出新的视觉感受,这种混色方法叫作色彩混合。

（2）色彩混合的类型

色彩混合主要分为加法混合和减法混合两种。

1）加法混合

加法混合是指色光的混合,两种以上的色光混合在一起,混合以后明度会随色光混合量的增加而加强,亮度也会提高,混合色的总亮度等于相混各色光亮度的总和,故称为加法混合。在颜色加法混合中,红、黄、蓝为三原色。例如,彩色电视机通过红、黄、蓝三色电子枪将彩色光束射在荧光屏上,依靠颜色叠加而获得各种颜色。

2）减法混合

色混合的实质是色料的选择性吸收,使色光能量削弱。故色料相加,能量减弱,越加越暗,饱和度下降。

（3）配色的三原则

对比两种色彩时，只有当其色相、明度和彩度（饱和度）三者都相同时，这两种颜色才相同，其中一个特性不同，这两种色彩不能称为相同。

1）调整色相（色调、名称）

将红、黄、蓝 3 种颜色按一定比例混合，可获得不同中间色，中间色与中间色混合，或中间色与三原色中的一种混合，可得到复色。调色时，可通过颜色的拼色来改变颜色的色相。

2）调整明度（深浅度、明暗度）

在显色的基础上，加入白色，将原来的颜色冲淡，就可得到饱和度不同的彩色（即深浅不同的颜色）；加入不等量的黑色，就可以得到明度不同的各种颜色。如在大红中加入白色得到浅红、粉红；在铁红中加入黑色得到紫棕色；在白色中加黑色得到不同灰色。

3）调整彩度（饱和度、鲜艳度）

在显色的基础上，加入不等量原色，可获得不同彩度的色相。如在浅红中加入不等量红色可得到大红、深红，在浅黄中加入不等量黄色可得到中黄、大黄和深黄。

将上述配色原则组合应用，即可在某一颜色的基础上改变色相、明度和彩度，就可以调配出各种颜色。

4.**调色的次序**

以基本色调配成色时，首先要找出主色并依次找出调整时使用的其他颜色，然后才可加入补色和消色。两相近色相调配时，一般都可以调配出鲜艳、明快的颜色，其颜色柔和、协调。补色是调整灰色调的，所有颜色与其补色相调配都会调出灰色调，灰色调是较为沉着的色调，因此在调配颜色时，补色一定要慢慢地、少量地加入，否则加入量过大就很难调整过来。消色剂同样也要慎重、少量、慢慢地加入，一次加入量过多也很难调整过来。复色调整时应将主、次色弄清楚，按比例和顺序逐步加入。用实色调整颜色时，应先调色调，然后调明度，最后调纯度，使颜色调配有顺序、有层次、按步骤地进行，这样才能调得又快又准确。

当需要调配某种颜色的涂料时，首先应分析、判断其是由哪几种色漆组成的，哪种色漆是主色，哪种是副色；然后拟出配方，经过认真、细致的小样调试对比，找出正确的配比情况；最后进行调配。

5.**调色的材料、工具和设备**

调色材料就是汽车修补涂料中的色母，经常使用的设备和工具有色母、调漆杯、调漆尺、调漆架、色卡、电子秤、配色灯、色母特性表、测色仪等。

调色工具

（1）色母

顾名思义，就是颜色之母，用其可以调配出各种需要的颜色（图6-10）。目前所有汽车修复涂料品牌主要采取两种方法设计色母系统：一种方法是把色母分成两个系列，一个系列是单工序面漆的色母，另一个系列是双工序面漆的色母；另一种方法是只使用一套色母，调色后在色母中加入树脂，由加入的树脂类型决定面漆是单工序性质的还是双工序性质的面漆。

汽车涂料千变万化的颜色都由数量有限的色母调配而成，所以调色人员必须掌握所使用的涂料品牌的色母特性，汽车修复涂料供应商会提供色母指南之类的资料和培训，指导调色人员正确使用色母。

图 6-10　色母

（2）调漆杯

调漆杯（罐）最好使用铁质或塑料的，且高度方向为上下等粗或带刻度线，方便调配时按比例添加固化剂或稀释剂。选择何种规格的调漆杯应根据调配的量来决定。调配水性漆时应该使用带有防腐涂层的金属杯或塑料杯，如图 6-11 所示。

图 6-11　调漆杯

（3）调漆尺

调漆尺是一种用金属或塑料制造的尺子，上面带有刻度，可计量适当量的固化剂、稀释剂，能方便、快捷地帮助调配涂料。混合涂料时比例尺也可作搅拌杆用，且一般不会沾上涂料，用完后容易清洁。各大油漆公司的比例尺一般不可混用，如图 6-12 所示。

（4）调色架

调色架又称为色母搅拌架、调色机、调漆机，用于存放、搅拌涂料，如图 6-13 所示。罐装涂料打开后盖上专用的带搅拌浆的盖子放在调色架上，调色架电动机启动，在传动装置的作用下，可以均匀地搅拌调色架上的所有色母。存放水性漆的调漆架需具备恒温功能。

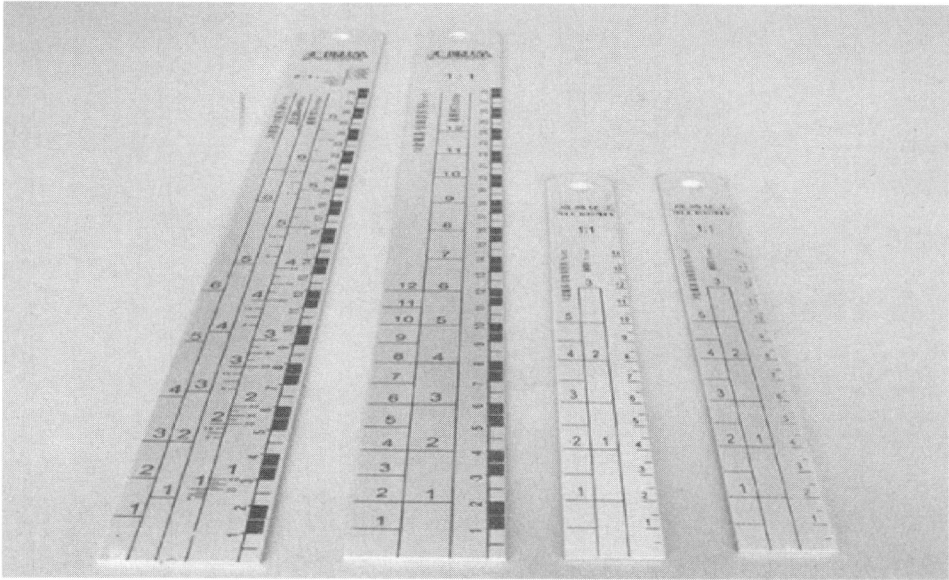

图 6-12　调漆尺

（a）搅拌机

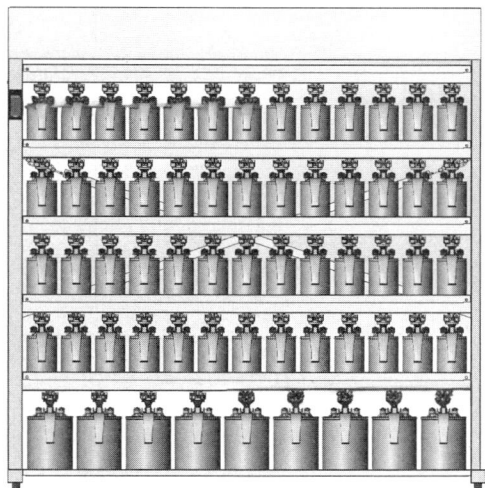

（b）水性漆保温柜

图 6-13　调漆架

（5）色卡

操作人员将色卡与车身颜色进行对比，找出最接近车身的颜色，根据色卡提供的信息获得颜色配方。色卡是调色工作中快速确定微调配方的工具。所有知名品牌涂料供应商除定期为客户提供国际市场上最新推出的汽车颜色配方外，还会为客户提供这些汽车颜色的色卡，如图 6-14 所示，色卡正面是对应汽车品牌的车身颜色，背面包含颜色配方编号、对应车型、开发年份等信息，便于客户获取该颜色的配方。

图 6-14 色卡

（6）电子秤

电子秤又称为配色天平,是一种称量涂料用的专用天平,帮助计算合适的混合比。电子秤由托盘秤、电子显示器、集成电路板组成,如图 6-15 所示。常用的电子秤量程可达 7 500 g,精确度为 0.1 g,明亮的发光二极管显示器安装在托盘上方,使用方便。电子秤的灵敏度较高,使用时,应避免大气流(风)的影响。

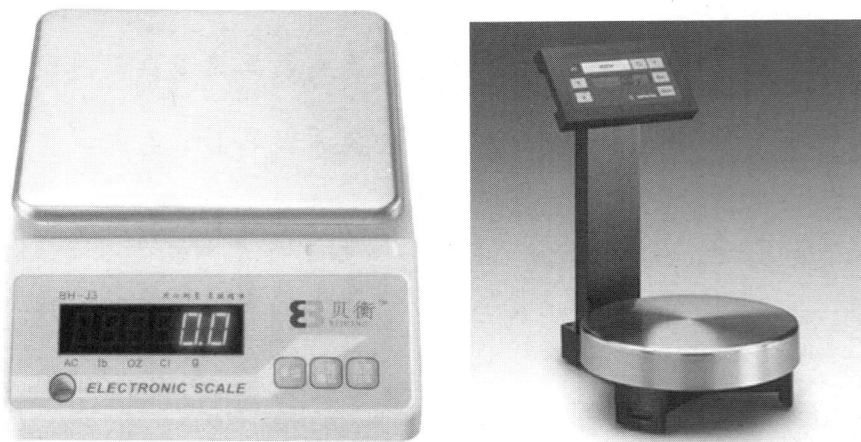

图 6-15 电子秤

（7）配色灯

配色灯是用于观察颜色差异的工具,在阴雨天或光线不足的车间内调配颜色时,需使用配色灯箱。配色灯箱能提供多种光源,如 D65 光源(模拟太阳光)、日光灯、荧光灯、白炽灯、紫外光等,如图 6-16 所示。利用配色灯箱中的光源可以比对颜色的差异,也可以判断条件等色现象。

（8）色母特性表

由于素色漆不存在随角异色的问题,所以对素色面漆色母特性只要能判定出它的色相、明度和饱和度即可。为了调色方便,涂料供应商都会提供配套的色母特性表(也称为色母挂图),如图 6-17 所示。

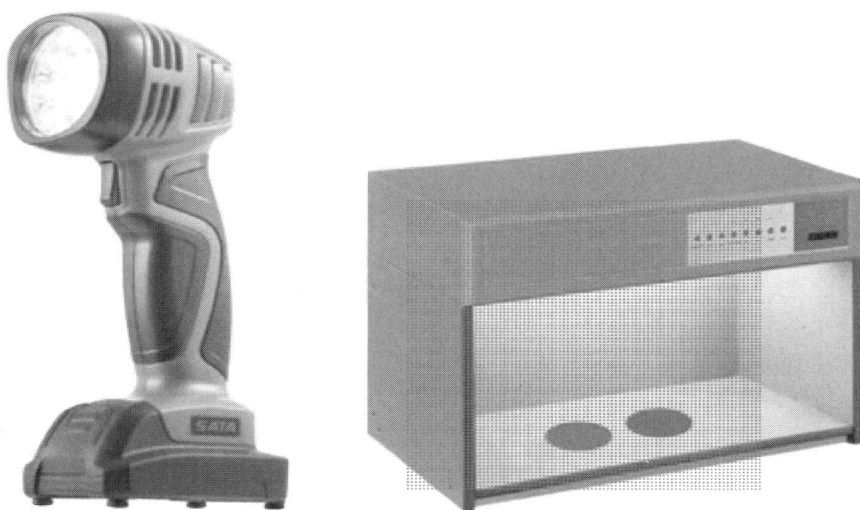

图 6-16　配色灯箱

型号	中文描述	色母类型	色母特性
Q065	调和添加剂	调和树脂	按指定比例添加(质量百分比,总量的 25%),通常 1 L 银粉漆应加 230 g 左右
Q070	透明度增强剂	调和树脂	主要用于调制三层珍珠色的珍珠漆
Q110	白色	不透明色母	素色用,可少量加在金属色中,使正侧面皆变乳白,在金属色中用量不能超过 5%
Q120	白色-超强遮盖力	不透明色母	主要用于素色和白色中作主色,遮盖力比 Q110 强
Q140	深黑色	透明色母	素色银粉皆可用,调黑色时作主色(黄相黑)
Q160	调和黑色	不透明色母	素色银粉皆可用,用来微调(蓝相黑),不用作深黑色主色
Q190	银粉控制剂	透明色母	正侧面控制剂,可以使银粉的颗粒变粗、变闪烁,同时使正面变深,侧面变浅,不能超过色母总量的 25%
Q191	特强银粉控制剂	透明色母	正侧面控制剂,可以使银粉的颗粒变粗、变闪烁,同时使正面变深,侧面变浅,效果比 Q190 更明显,不能超过色母总量的 25%

图 6-17　色母特性表

（9）测色仪

测色仪是一种可以进行电脑分色的电子仪器,如图 6-18 所示。它具有修正软件,可以手提,并可以与智能磅结合使用的优点。测色仪操作简单,用途广泛,对技术要求不高,尤其是在某些情形使用时更能突出其优势。如新车型,颜色资料不全,颜色色号不在车身上,适用于工业喷涂等方面。

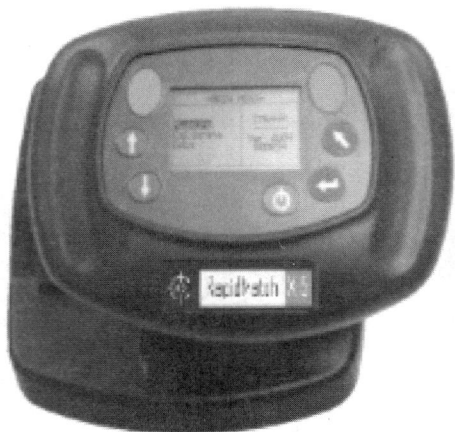

图 6-18 测色仪

6. 调色工艺程序

调色工艺流程如图 6-19 所示。

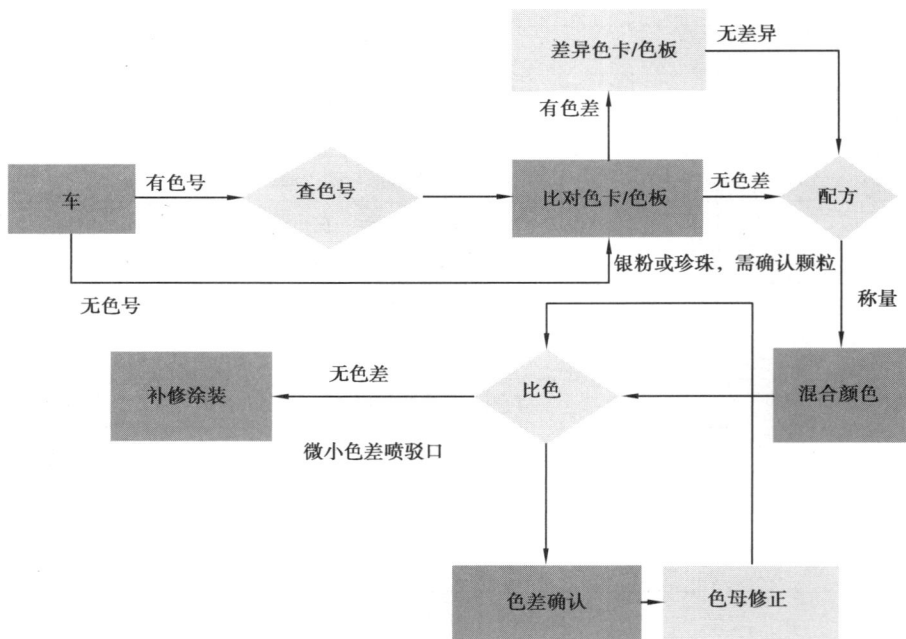

图 6-19 调色工艺流程

📖 思考题

1. 简述颜色的基本属性。
2. 物体为什么会呈现非彩色和彩色?
3. 解释原色、间色、复色、补色和消色。
4. 参考色卡时需注意哪些事项?
5. 比色时需注意哪些事项?

		任务工单		
1	工作安全			
2	工具设备			
3	工作步骤			
4	注意事项			
5	小结与反思			

任务评价					
学生姓名：			工作任务：		
序号	技术要求	配分/分	学生自我评估	小组评估	教师评估
1	正确穿戴防护用品	10			
2	查询车身颜色代码	5			
3	计算机查询车身的颜色配方	5			
4	按照配方准备好色母、工具及材料	10			
5	正确倾倒色母，称量色母	10			
6	喷涂比色板	10			
7	比色板与车身颜色比对，记录颜色差异	10			
8	反复微调添加色母，直至颜色准确	20			
9	整理场地"7S"	20			
	合计	100			

任务 13　金属色漆调色

学习目标

1. 能够正确描述金属漆的随角异色性现象。
2. 能够正确描述金属色面漆膜的光学特性。
3. 能够正确描述金属漆的显色原理。
4. 能够正确描述银粉漆、珍珠漆的色母特性。
5. 能够进行金属色漆调色。
6. 能够注意培养良好的安全意识、卫生习惯、环境保护意识及团队协作意识的职业素养。
7. 能够检查、评价、记录工作过程。

任务描述

现有一辆右侧车门局部轻微受损变形的事故车辆(图 6-20),已经对受损部位进行中涂底漆打磨,准备喷涂面漆。为了使修补区域喷涂面漆颜色与周边旧漆膜一致,按照涂装工艺流程,本任务必须对准备喷涂的面漆进行调配,即所谓的调色。

图 6-20　准备喷涂面漆

任务分析

汽车涂装中油漆调色有两个目的:一是,消除客观或主观原因导致的新旧漆层颜色差异;二是,随着汽车工业的不断发展,汽车漆的颜色种类及色彩特性也层出不穷,人们不可能把每种颜色都制成涂料并储存起来,以备随时使用,唯一有效的解决办法就是提高调色师的调色技能。调色师利用涂料制造商提供的几十种基本色母,按照一定的用量比例(如颜色配方),对现有色母进行调配,以得到我们所期望的理想色彩。

📖 任务准备

物料准备:底漆喷涂相同色母、色母特性表、电子秤、调漆尺、调漆杯、烤箱、喷枪、试色板和比色灯箱。

人员准备:穿戴防护服、耐溶剂手套、防护面罩、护目镜、安全鞋,耳塞。

📖 任务实施

①在车辆上查找颜色代码,如果车辆已经重新喷涂或查不到代码,则可以通过比对色卡来获取颜色代码。(小提示:车身颜色代码一般标注在 B 柱下方的车辆门牌上、发动机舱内、后备箱内等位置,生产厂家不同,标注位置不同。)

②将获取的颜色代码输入电脑调色系统进行查找,找出配方。

③按照查询得到的配方准备色母,检查调色架上的色母是否齐全,并启动调漆架工作15 ~ 20 min。

④按照配方要求称量色母。称量时必须先检查电子秤是否归零。(小提示:色母应按使用量从大到小称量,若配方中有树脂,应先称量树脂。)

⑤参照产品说明书,添加适当的稀释剂后,选择口径 1.3 mm 喷枪喷涂比色板,并将比色板放入烤箱烘干。(小提示:喷涂比色板时,喷涂手法应与喷涂工件时一致,确保完全遮盖比色板底色。)

⑥将制作好的比色板与车身颜色比对。比对时,比色板要与车身保持角度一致,并从多个角度观察,记录颜色差异。

⑦分析颜色配方,根据记录确定所缺色母。当颜色走向拿捏不准时,可以借助色母特性表进行颜色微调。

⑧添加色母进行微调,并再次喷涂比色板比对颜色。反复操作,直至颜色准确。微调时,必须记录下添加的色母及质量。

⑨调色完成后,将颜色配方、色板存档,以备下次使用。(小提示:平时做好配方管理,积累颜色配方,在以后的工作中可以有效节省调色时间。)

⑩调色完毕后整理现场,将实训用品归位,将粘有溶剂的除油布放在防爆垃圾桶内并统一处理,清洁地面卫生。

📖 知识链接

1. 金属闪光色

（1）金属漆的定义

金属漆是指加入云母、珍珠等闪光颜料,使漆面具有一定特殊效果的涂料。其闪光颜料的多少、颗粒形状、排列方式等对颜色效果均产生较大影响,所以在调色及喷涂时,均有严格要求。

（2）金属漆的涂层

金属漆涂膜在阳光照射下,不同角度呈现不同颜色效果,主要是因为涂层中面漆层的特殊处理。常见的金属漆涂层比素色漆涂层要厚,喷涂作业也常采用双工序甚至三工序。

金属漆

（3）随角异色效应

金属闪光色面漆漆膜不同于素色面漆漆膜的一个显著特点,就是具有随角异色效应,即随观察角度的变化而呈现不同明亮度及色彩。如图 6-21 所示 A 和 B 产生的明度差,随角异色效应性值(FF 值):最高明度点与最低明度点的明度差。

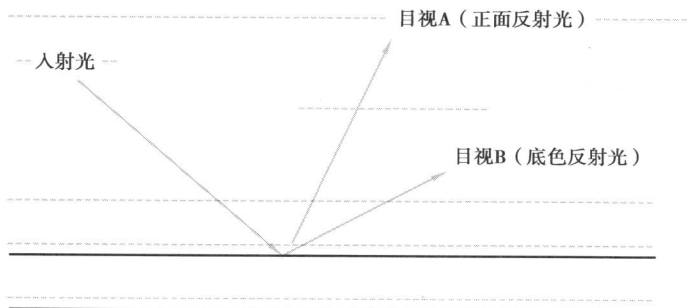

图 6-21　随角异色效应

（4）金属色面漆膜的光学特性

如图 6-22 所示,透过清漆漆膜层的入射光经颜料选择性吸收、颜料颗粒散射、镜面反射,以及铝粉的边缘发生漫反射后到达人眼而得到闪耀的金属光泽感。

金属闪光色与素色的不同之处是闪光膜的扩散反射少、正反射光强,随着观察角度变化,漆膜颜色也随之变化,即具体颜料的方向性(随角异色性),而素色漆膜则是以在漆膜内不多次反射的散射光为主体。

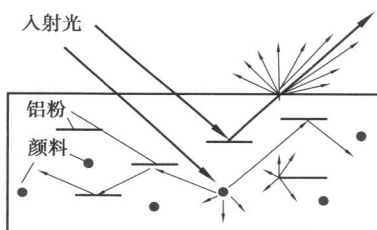

图 6-22　金属色面漆膜的光学特性

（5）金属漆闪光色的方向性

①常见的金属漆主要有普通铝粉漆和珍珠漆两大类。要准确地调配金属漆的颜色,首先要熟悉其涂料特征。金属漆的颜色难以调配是由这种油漆的特殊构成决定的。普通金属漆的成分主要有颜料、铝粉和黏合剂。射向漆面的光线能够透入油漆表层并经内部的铝粉表面反射。因此,当我们从不同角度观察金属油漆漆面时,看到的颜色是不同的,并且在不同光源下金属漆的颜色也不同,这种现象叫作颜色的方向性,金属漆也因此被称为多色漆,如图 6-23 所示。

图 6-23　不同角度金属漆的不同颜色

②金属漆方向性的根源,金属漆颜料颗粒的形状是引起方向性的根源,其颜料颗粒包括有机颗粒和无机颗粒两种,因为颗粒大小不同,所以油漆的方向性强弱不同。

有机颜料颗粒方向性原理。金属漆中的有机颜料颗粒的直径大小为 0.01 μm 左右(比无机颜料颗粒小），有球状、柱状和扁平状等，所以其反光性能也各不相同。下面以球状颗粒 a 和扁平状颗粒 b 为例，分析各自的反光特征。如图 6-24 所示，照射到球状颗粒 a 的光，朝各个方向的反射角度基本相同，所以从各个方向看到的光线的量也基本相同。但照射在扁平状颗粒 b 的光，因为在 X 和 Z 处反射的光线与在 Y 处反射的光线的量不同，故在 Y 处看到的颜色与在 X 和 Z 处看到的颜色也不同，这就是方向性强的颜料强闪光方向性的根源。

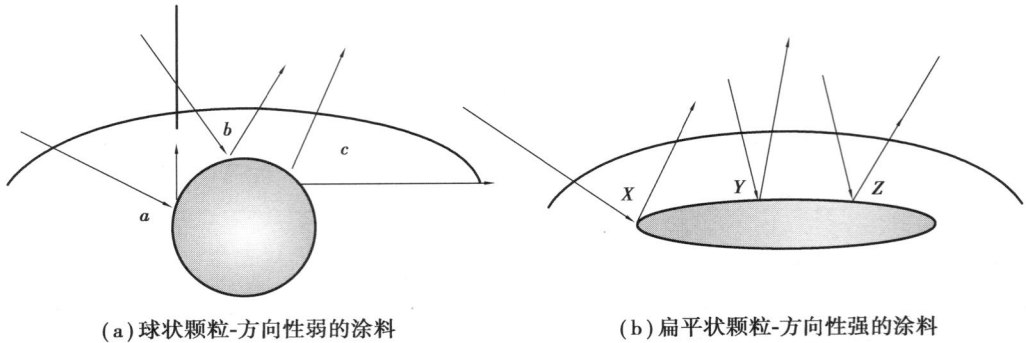

（a）球状颗粒-方向性弱的涂料　　　　　　　（b）扁平状颗粒-方向性强的涂料

图 6-24　金属漆中颜料颗粒的闪光原理

无机颜料颗粒的方向性。无机颜料颗粒直径大小约为有机颜料颗粒直径的 10 倍，一般为 0.1 μm 左右。如图 6-25 所示，为强方向性颜料中加入无机颜料后的效果。从图 6-25 中可以看出，由于无机颜料颗粒大，挡住了一些光线，因此到达有方向性颜料颗粒的光线减少。另外，方向性颜料的反射光也被其挡住，两种因素一起抑制了方向性颜料颗粒的反光性能。例如，绿黄色和印度橙色这类方向性很强的原色，若加入白色无机颜料或赤色无机颜料，其方向性就会消失。

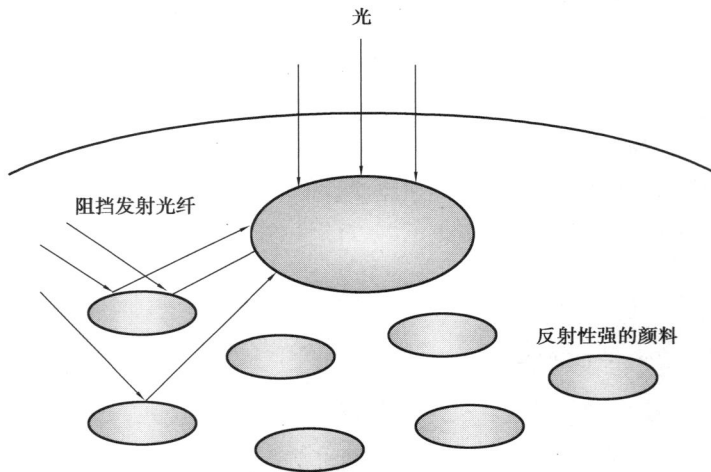

图 6-25　强方向性颜料中加入无机颜料后的效果

金属漆的明度。当光线照射到油漆表面时，反射光线的量越多，其明度就越高。因此，普通金属漆的明度主要取决于两种因素，即铝粉颗粒形状和其排列状况。如图 6-26 所示，（a）组铝粉颗粒表面凹凸不平，当光线照射到凹处后，几经折射，最后可能完全消失或者反射到外部的光非常微弱；而（b）组铝粉颗粒外表圆滑，光线照射到其表面后反射出来的光多，其漆面看起来亮度就比左侧漆面高。

图 6-26　铝粉颗粒形状对金属漆明度的影响

　　铝粉颗粒在漆层中的分布对油漆明度的影响如图 6-27 所示，当铝粒子在涂层中排列整齐时，正面反射的表面积大，正反射光强，所以从正面观察明度就高。反之，排列杂乱的铝粉颗粒就会使漆面明度减弱甚至很弱。

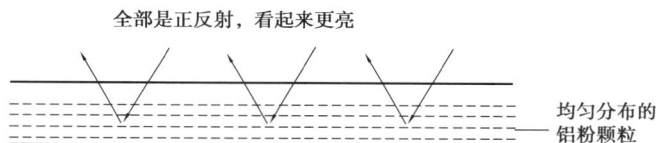

图 6-27　铝粉颗粒在漆层中的分布对油漆明度的影响

2. 银粉色母的特点

（1）不同银粉色母的效果

①使用的亮银和闪银银粉颗粒越小，正面越暗，侧面越亮。

②银粉的颗粒越大，正面就越闪亮，但侧面会越暗。

③加入少量亮银、闪银能使颜色的正面亮度提升，但持续增加时却会使颜色正面和侧面变灰，颜色饱和度下降。加入无光银对正、侧面都只能起到变灰的作用。

④相比较而言，无光银的正面最暗，侧面最亮；闪银的正面最亮，侧面最暗。

（2）银粉色母的判断、选择及使用

①可以在阳光直射下或者使用太阳灯，检查判断银粉的颗粒闪亮程度是否合适。

②选择银粉色母时，一般可以先判断需要使用的银粉亮度级别，明确需要使用哪一类或哪两类亮度的银粉色母，然后判断银粉的颗粒粗细，确定使用何种粗细的银粉色母及其数量比例。

③选择正确的银粉对调准颜色非常重要。在实际调漆工作中，单使用某一种银粉往往达不到应有的效果，所以常常两三种银粉混合使用。两种银粉混合后表现出来的属性往往就是原来各银粉属性的折中。例如，亮度不同的银粉混合所得亮度就介于它们混合前的亮度。

3. 珍珠色母

　　图 6-28 所示为珍珠色母示意图。我们常说的珍珠色母大多数是在云母粉表面镀上一层二氧化钛后加工而成的。通过控制二氧化钛层的厚度，就得到了我们所见的一系列不同颜色的珍珠色母粉。例如，白珍珠、黄珍珠、红珍珠、绿珍珠和蓝珍珠等。另外，一些常见的珍珠色

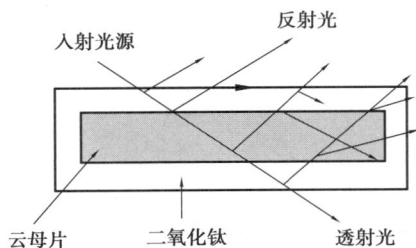

图 6-28 珍珠色母的示意图

母,如珍珠铜、珍珠红等的结构稍有不同,在二氧化钛层外又镀了一层氧化铁,呈现红色或金红色。还有一种比较新的银色云母则不是用氧化铁镀层,而是用铝粉镀层,这是为了得到立体效果强烈的金属银色的光泽。

珍珠色母比较简单,调什么颜色就使用什么珍珠。与银粉色母比较,珍珠色母有以下特点。

①珍珠色母能使颜色显得更纯、更鲜艳。

②珍珠色母的颗粒比银粉色母更细,且同色珍珠中也有粗细之分。有时在配方中仅使用很少量的闪银也能近似模仿出珍珠的正面效果。

③珍珠色母在配方中的数量多,侧视色调就较浅,且无法调深。

④在湿涂料状态下,珍珠色母在颜色方面表现得比较突出,实际喷涂后则没有这么明显。特别是使用黄、绿珍珠等。

⑤可以在阳光直射下检查珍珠的颗粒闪亮效果和颜色反射程度。

⑥无论加入哪种珍珠色母,都能提高正面亮度(效果不如银粉)和侧面亮度(银粉则不能)。

4. 金属漆闪光色的调配

（1）标准色调的调配

在一般金属漆中,由于铝粉微粒分别指向不同方向,铝粉颗粒与颜料微粒混合且分布均匀,所以各方向都有照射到金属表面的光线,从而使油漆有了多色性,由此而产生的色调为标准色调,如图 6-29 所示。获得标准色调漆面的操作步骤如下:

①严格按照颜料上的使用说明稀释颜料。

②在 20 ~ 30 ℃条件下,使用慢挥发溶剂将油漆充分搅拌。

③喷涂树脂清漆时,喷枪压力为 210 ~ 280 kPa;喷涂磁漆时,喷枪压力为 350 ~ 400 kPa。

④漆面应喷成中等温度型,每两层之间要留有足够的干燥空间。

⑤喷涂树脂清漆时,喷枪压力为 210 ~ 280 kPa;喷涂磁漆时,喷枪压力为 350 ~ 400 kPa。

⑥漆面应喷成中等温度型,每两层之间要留有足够的干燥空间。

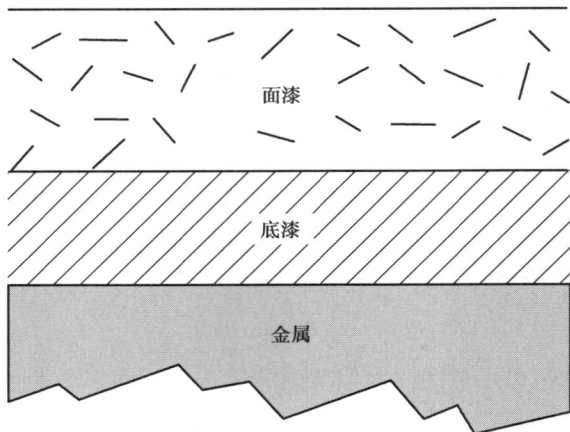

图 6-29 标准色调的金属漆面

（2）浅色调的调配（比标准色调浅）

如果让油漆中的铝粉主要集中在上表层，且几乎呈水平排列，那么这些铝粉就会像一系列水平排列的微小镜面，反射出来的光线就比标准色调的漆面强，可使漆面色调变浅。采取下述任何一种措施都可以使色调变浅。

①使用溶剂的用量比规定的多。

②用快速干燥的稀释剂冲淡树脂漆。

③将喷枪的气压调到高于规定值。

④各涂层喷涂厚度较薄。

⑤将喷枪远离表面。

⑥加快喷涂速度。

（3）深色调的调配（比标准色调深）

深色调金属漆面是因为面漆中大多数铝粉颗粒都沉在了底层漆面附近，且位置几乎与底层漆面垂直，从而造成反光强度降低，漆面颜色变暗，轿车侧身面板常会出现这种情形。一般使用干燥速度很慢的溶剂，或将漆层喷得很湿都可以产生深色调，以下措施均可达到此目的。

①稀释油漆时，使用比规定量少10%～15%的溶剂。

②在20～30℃条件下，采用干燥速度最慢的溶剂和1份延迟干燥的稀释剂来稀释油漆。

③使用低于标准值的气压进行喷涂。

（4）突变色调的纠正

金属漆面颜色有时会出现一种现象，正如看颜色一样，无论怎样观察侧面，颜色都有截然不同的改变。如图6-30的翼子板所示，从正面看翼子板和车门的颜色一致，如图6-30（a）所示，但若从45°的方向看，翼子板的颜色会比车门的颜色浅，如图6-30（b）所示，再从相反的方向相同角度看，翼子板的颜色又会比车门的颜色深，如图6-30（c）所示。这主要与油漆中铝粉颗粒的排列方式以及铝粉在油漆中的深度有关。现以喷涂翼子板为例，来说明产生颜色突变的原因以及纠正方法。

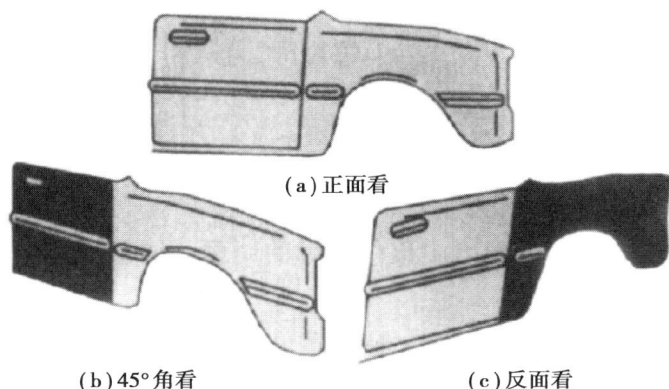

（a）正面看

（b）45°角看　　　　　　　　　　（c）反面看

图6-30　突变色调的金属漆面

喷漆时，如果涂层喷得较湿，则从正面看漆面颜色较深，侧面看漆面颜色较浅，这是因为铝粉的排列位置比较水平，且位于漆层较深处。相反，如果涂层喷得较干，则正面观察漆面颜色就会较浅，侧面观察漆面颜色较深。综合上述两种方法，要想使翼子板喷完后无颜色突变，可先湿喷一层，干燥后再稍微干喷一层。如果上述综合办法还不能改变颜色突变的状况，则可以在涂料中加入少量的白色油漆,以解决从不同角度观察漆面时所看到的明显的颜色深浅变化的问题,但添加的量要合适,而且为慎重起见,应先进行对比实验,达到良好效果后再进行喷涂。

此外,金属漆层颜色对许多因素都非常敏感,如使用的溶剂、稀释剂类型以及喷涂气压、涂层湿度和喷涂方法等,具体情形见表6-1。

表6-1 溶剂、稀释剂类型以及喷涂气压、涂层湿度和喷涂方法等对金属漆面的影响

涂装条件		较浅(色泽亮)	较深(色泽暗)	影响程度
溶剂种类		干燥速度快	干燥速度慢	大
溶剂所占的比例		高	小	中
喷枪	压缩空气	大	小	大
	喷嘴直径	小	大	中
	喷幅	大	小	中
	空气压力	高	低	少
涂装作业方式	喷枪距离	远	近	中
	运行速度	快	慢	少
涂装环境	温度	高	低	少
	湿度	高	低	大
	通风	好	差	小

(5)金属漆调色的最佳步骤

金属漆调色的关键是使新旧漆膜的闪光方向一致。只要二者闪光方向吻合,剩下的工作就和调配素色漆一样,只要正确处理原色加入的比例问题就可以了。因此,调配一般金属漆颜色的最佳步骤是,首先使侧视色(又叫透视色)与原涂膜色相吻合,然后调正视色。

对于调制深色调金属闪光涂料,首先只需加入原色颜料,调好侧视色、正视色,然后加入所需粒度的金属铝粉。按此步骤调制比较简洁。

调制浅色和中等浓度色调时,首先要配铝粉的颗粒大小(若需中等粒度,最好用大颗粒和小颗粒混合配制),然后加入原色进行颜色调制。

(6)人工微调的技巧与要领

①减少银粉色母的用量,可使银粉漆更深、更暗。

②微调时,若要减弱油漆中某种颜色效果,首先应减少配方中该色色母的用量;如果添加互补色色母,虽然也能达到效果,但是整体颜色会变浑浊,即彩度降低。

③微调时,使用不透明性色母,能使侧面颜色变浅、变白;反之,使用透明性色母,能使侧面颜色变深、变暗。

(7)金属漆调色时的注意事项

①金属色的比色需在充足的日光下进行,但需要避免强烈的日光直射。

②金属色的配方只有在喷涂方式以及清漆调整都无法收效的情况下才可改变。

③比色时最好喷在试板上,并且可利用喷涂技巧来控制颜色。

④以手指直接涂色于色板上只可作为参考,不能作为比色的标准。

⑤车身经粗蜡打过,试板要完全干燥,才会有精确的比色效果。

⑥需以正向90°,侧向45°、15°、110°和横向180°,多角度进行比色。

⑦金属色的调配需要细心及耐心,若须改变配方也只能进行小幅度的调整,并且须依照配方表所选的色母来调整。

⑧双工序的金属色底漆喷涂完成后,待15 min 干燥后,喷上清漆才可比色。

⑨双工序的试板上,金属色底漆喷"整板",而清漆喷"1/2"板,这样在调整时可以节省时间,并且可以积累调色(即银粉色在加喷或未喷清漆时的比较色差)的经验。

⑩微调时,减少铝粉色母的量可使金属色漆更深、更暗。

⑪如果要降低绿色效果,首先应减少配方中绿色色母的使用量,如果以对等色红色色母降低绿色效果,颜色就会逐渐变浑浊,即彩度降低,其他对等色也如此。

⑫微调时,使用不透明性色母能使侧面变浅、变白,使用透明性色母能使侧面变深、变暗。

📖 思考题

1. 银粉色母可以分为哪几类?

2. 银粉色母的使用特点有哪些?

3. 简述金属漆微调时的注意事项。

4. 简述人工微调技巧与要领。

5. 简述调金属漆的工作流程。

		_____任务工单	
1	工作安全		
2	工具设备		
3	工作步骤		
4	注意事项		
5	小结与反思		

任务评价					
学生姓名：			工作任务：		
序号	技术要求	配分/分	学生自我评估	小组评估	教师评估
1	正确穿戴防护用品	10			
2	查询车身的颜色代码	5			
3	计算机查询车身的颜色配方	5			
4	按照配方准备好色母	10			
5	按顺序称量色母	10			
6	喷涂比色板	10			
7	比色板与车身颜色比对,记录颜色差异	10			
8	反复微调添加色母,直至颜色准确	20			
9	整理场地"7S"	20			
	合计	100			

项目七
面漆的涂装

【项目描述】

通过本项目的学习,学生能够熟悉整车(整板)、局部过渡面漆喷涂施工工艺流程和修补漆漆膜缺陷产生的原因、分析方法及补救措施;掌握汽车整车(整板)、局部过渡面漆施涂的操作要领;具备对受损车身损伤区进行面漆涂装的技能。

任务 14　面漆的整车（整板）喷涂

📖 任务目标

1. 了解面漆的重要性及其分类。
2. 能够正确描述面漆喷涂的重要性。
3. 能够正确进行素色面漆（整板）喷涂。
4. 能够正确进行金属色面漆的整车（整板）喷涂。
5. 具备安全生产意识、环境保护意识以及团队协作意识的职业素养。
6. 能够检查、评价、记录工作结果。

📖 任务描述

现有一辆右侧车门局部轻微受损变形的事故车辆（图 7-1），已经完成对受损部位所有面漆喷涂前的工作，按照涂装工艺流程，本任务环节需要对右侧车门进行喷涂。

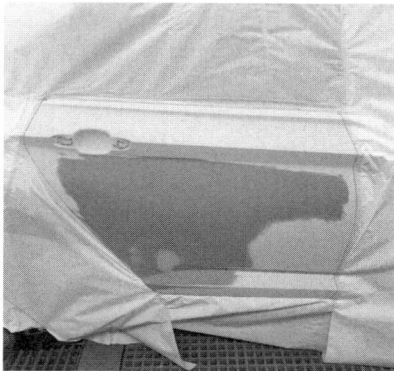

图 7-1　前车门损伤变形

📖 任务分析

由于面漆是整个涂层的最表层，因而对其喷涂质量要求非常高，为了达到整车美观性，就要求涂装技师在选择合适的面漆后，还要采用合适的面漆和清漆涂装工艺，这就要求涂装技师不仅要掌握涂装理论知识，还要拥有良好的喷涂技术和丰富的喷涂经验。

📖 任务准备

物料准备：工具车、遮蔽纸及胶带、喷烤两用房、除油布、除油剂、耐溶剂喷壶、粘衬布、调漆杯、调漆尺、电子秤、调漆间、SATAHVLP1.3 mm 喷枪、板件等。

人员准备：穿戴连体式防护服、耐溶剂手套、防毒面罩、安全护目镜、安全鞋。

📖 任务实施

1. 素色漆的整体喷涂

（1）素色漆整体喷涂前的准备方法

①对非喷涂区域进行遮盖，只露出待涂表面。

②对涂料进行调色、配制、过滤，准备面漆。

③清洁烤漆房及周边的环境。

④对待涂表面进行除水、除尘、除油、粘尘，确保待涂表面清洁。

⑤选择口径为 1.5 mm 的吸力式喷枪。

（2）素色漆整体预喷涂方法

①按照素色漆整体预喷涂的技术规范调整喷枪，测试喷涂图形，以确保喷枪接近理想喷涂状态。

②以 25 ~ 30 cm 的喷涂距离、速度较快地在待涂表面上喷涂，使喷涂表面涂上一层稍许光亮的涂膜。

（3）素色漆整体着色的喷涂方法

①素色漆预喷涂涂料闪干后，将喷涂流量的调整旋钮调整至全程开度的 2/3 ~ 3/4。

②以 20 ~ 25 cm 的喷涂距离，按照标准的喷涂速度对喷涂表面进行整体喷涂，形成一层均匀、较厚的面漆涂膜，涂膜整体要呈现较高的光泽。

③静置 5 ~ 8 min，使涂膜充分流平，表面闪干至不粘手。

（4）素色漆整体修正喷涂方法

①向喷枪涂料罐中加入适量的清漆或慢干稀释剂，使其黏度下降至 14 ~ 18 Pa·s。

②转动涂料流量调节旋钮，使涂料流量全开，以标准喷涂速度和 20 ~ 25 cm 的喷涂距离整体喷涂一层。

（5）素色面漆涂层干燥方法

①喷涂结束后，静置 10 ~ 15 min，使涂膜表面干燥至不粘手。

②将烤漆房逐渐升温至 40 ℃，保持 10 min，然后将烤漆房升温至 60 ℃，保温 35 min，使涂膜彻底干燥。

③打开烤漆房，使涂膜自然冷却。

（6）收尾工作方法

①趁面漆涂膜未冷，揭去遮盖胶带和遮盖纸。

②将喷涂完成的汽车或板件移出烤漆房，清洁、整理烤漆房。

③关闭烤漆房，清洗喷涂工具，整理喷涂设备和喷涂材料。

2. 金属闪光漆的整体喷涂

（1）金属闪光漆整体喷涂前的准备方法

①遮盖非喷涂区域。

②准备适合喷涂黏度的面漆。

③确保喷涂环境的清洁。

④确保待涂表面的清洁。

素色漆的整体喷涂

金属漆的整体喷涂

⑤选择合适的空气喷枪。

（2）金属闪光漆整体预喷涂方法

①按照金属闪光漆整体预喷涂的技术规范调整和测试喷枪,使喷枪达到理想的工作状态。

②以 25 ~ 30 cm 的喷涂距离,快速地在待涂表面以雾状喷涂,形成一层薄薄的涂膜。

③检查有无涂料的排斥现象。如果出现排斥,则按照喷涂规范调高喷涂气压,盖住涂料排斥的部位。

④喷涂后,静置 3 ~ 5 min,待面漆闪干。

（3）金属闪光漆整体着色喷涂方法

①金属闪光漆预喷涂涂料闪干后,将喷涂流量调整至 2/3 ~ 3/4 开度,喷涂气压保持不变。

②以 20 ~ 25 cm 的喷涂距离,并以较快的喷涂速度对喷涂表面进行整体喷涂。

③静置 2 ~ 3 min,待涂膜表面闪干。

（4）金属闪光漆涂层表面消斑处理方法

①在喷枪的涂料罐中直接加入与金属闪光漆等量的清漆,使其黏度为 11 ~ 13 Pa·s。

②将喷涂流量调整为 1/2 ~ 2/3 开度,以 20 ~ 25 cm 的喷涂距离快速喷涂一层。

③静置,闪干 10 ~ 15 min。

（5）透明清漆整体预喷涂方法

①配透明清漆,使其黏度为 12 ~ 14 Pa·s。

②将喷枪工作气压调整至 294 ~ 343 kPa,以 1/2 ~ 2/3 的喷涂流量、20 ~ 25 cm 的喷涂距离,稍快地喷涂一薄层透明清漆。

③静置,闪干 3 ~ 5 min。

（6）透明清漆整体清洗喷涂方法

①将透明清漆的黏度调整至 11 ~ 13 Pa·s。

②以 2/3 ~ 1 的喷涂流量,并以普通或稍慢的喷涂速度,厚喷一层透明清漆,形成均匀、光洁的厚涂膜。

（7）金属闪光面漆涂层的干燥方法

①喷涂结束后闪干 10 ~ 15 min,使大部分溶剂挥发,涂膜表面基本流平。

②将烤漆房逐渐升温至 40 ℃,保持 10 min,然后将烤漆房升温至 60 ℃,保温 35 min,使涂膜彻底干燥。

③关闭烤漆房的烘烤模式,使涂膜自然冷却。

（8）收尾工作方法

①趁涂膜未冷时除去遮盖胶带和遮盖纸。

②将喷涂完成的汽车或板件移出烤漆房,清洁、整理烤漆房。

③关闭烤漆房,清洗喷涂工具,整理喷涂材料和保养喷涂设备。

📖 知识链接

1. 面漆的作用

面漆的主要作用是对被涂物体提供防护,同时提高被涂物面的装饰效果。一种优良的面漆必须具备很高的保护性能和装饰作用,被涂物体在一定使用寿命时间内,以颜色的光泽来衡量,是否能保持它的装饰效果。

2. 面漆的分类

面漆按施工工序可分为单工序、双工序和三工序等,如图 7-2 所示。

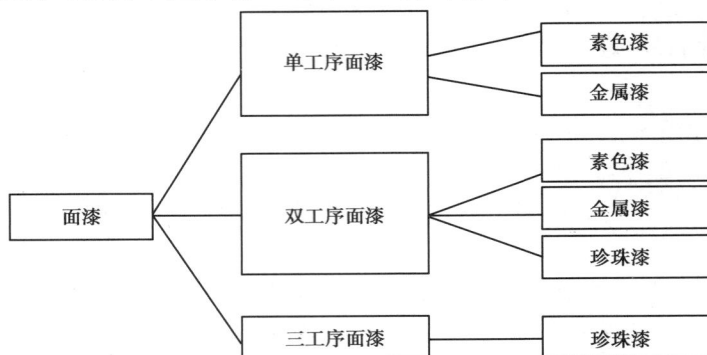

图 7-2 面漆按施工工艺及颜色效果分类

(1)单工序面漆

单工序面漆是指涂装一种涂料即形成完整的面漆层的喷涂系统,如图 7-3 所示。

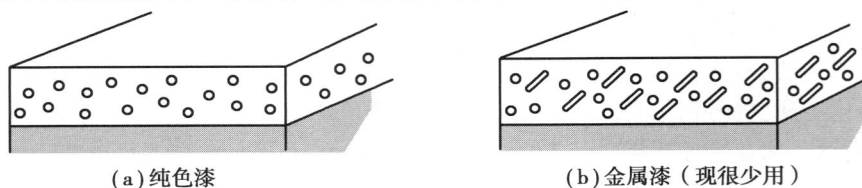

(a)纯色漆   (b)金属漆(现很少用)

图 7-3 单工序面漆

(2)双工序面漆

双工序面漆是指喷涂两种不同涂料才能完成的涂层喷涂系统,通常是先喷色漆或金属漆,然后喷涂罩光清漆,两种涂层结合在一起才能形成有质量保证的面漆层,如图 7-4 所示。

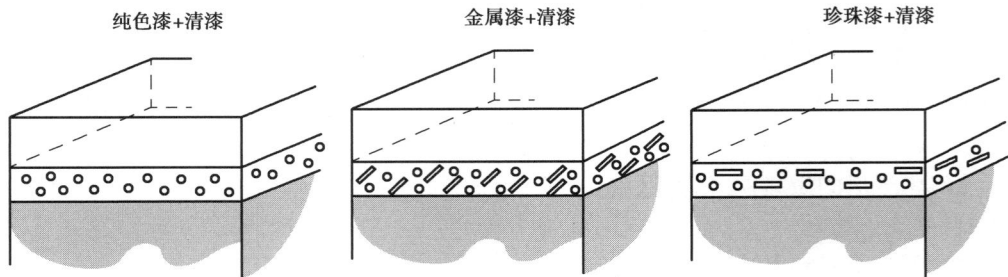

图 7-4 双工序面漆

(3)三工序面漆

三工序面漆喷涂更复杂,通常先喷一层打底色漆,再喷一层珍珠漆,最后喷罩光清漆,3 个涂层共同构成完整的面漆层,如图 7-5 所示。

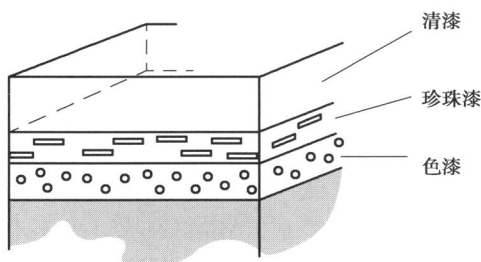

图 7-5　三工序面漆

3. **面漆喷涂的手法**

（1）干喷

干喷是指喷涂时选择的溶剂快干、气压较大、漆量较小、温度较高等，喷涂后漆面较干。

（2）湿喷

湿碰是指喷涂时选择的溶剂慢干、气压较小、漆量较大、温度较低等，喷涂后漆面较湿。

（3）湿碰湿

湿喷湿就是不等上一道漆中溶剂挥发完全就继续喷涂下一道漆。

（4）虚枪喷涂

虚枪喷涂是指在喷涂色漆后，将黏度调整到极低的涂料喷涂在面漆上的操作。

汽车修补中有两种虚枪喷涂法。

①在热塑性丙烯酸面漆上喷虚枪，用来使新喷的修补漆与原来的旧漆润色，使汽车表面看不出修补痕迹。

②在新喷涂的丙烯酸或醇酸磁漆上喷虚枪，用来提高其光泽，有时也用来在斑点修补时润色。

（5）雾化喷涂

金属漆的喷涂方式方法与色漆的大不相同，金属漆由于漆中有铝片或云母、珍珠粉等，且比重大，因而喷金属漆时一般采用飞雾法散花状喷涂，与虚枪喷涂有些相似。

（6）带状喷涂

当喷涂某个基材表面的边缘时，应采用带状喷涂法。采用该喷涂法时应将喷枪扇幅调得相对窄一些，一般调整到大约 10 cm 宽，此时喷出的雾束比较集中，呈带状覆盖。

4. **面漆喷枪的选择**

用于喷涂面漆的喷枪，应根据使用目的和涂料的种类区别使用。

喷枪的喷嘴直径应随涂料的种类而改变。对于改性丙烯酸硝基漆，全涂装时用 1.5～1.8 mm 口径的喷枪较为适宜，而对于合成纤维素丙烯酸硝基漆则以 1.0～1.3 mm 口径为宜，口径超过 1.5 mm 时，则会造成漆膜表面粗糙，打磨十分费力。

对于丙烯酸聚氨酯涂料，全涂装时应选用 1.3～1.5 mm 口径的上吸式喷枪。涂装丙烯酸聚氨酯的单色涂料时，有人采用 1.8 mm 口径的喷枪，但比较起来，还是 1.5 mm 口径的好用。烤漆涂料可以使用 1.3～1.5 mm 口径的上吸式喷枪，丙烯酸磁漆可以使用 1.5～1.8 mm 口径的上吸式喷枪。烤漆涂料也可以使用重力式喷枪。丙烯酸磁漆涂料使用重力式喷枪时，口径选择 1.3 mm 可以获得更高的喷涂质量。在喷涂金属闪光色时，为防止出现金属雾斑，喷嘴直径应为 1.3～1.4 mm。

除此之外,随制造厂家的不同,喷射流量和空气用量、喷束形状都有差异,应选择与所喷涂料相适应的喷枪。

压送式喷枪喷吐流量大,可以缩短喷涂时间,喷罐容量可达 2 ~ 4 L,以节省添加涂料的时间。

5. 面漆喷涂前的检查与涂料准备

①喷涂前清洁环境。对喷漆房进行清洁,清除内部灰尘和碎屑(包括天花板和地板以防止天花板和地板上的灰尘随喷漆房内的空气流通而飘浮在空气中,对漆面造成污染)。清洁喷漆房之后,需要先抽风 10 ~ 20 min,然后进行后续工作。

②检查车身外表是否有遮护遗漏或其他作业没有完备之处。

③用浸除油剂的擦拭纸对表面进行除油。

④用粘尘布对喷涂表面进行除尘。

⑤穿戴合适的喷涂防护用品。用肥皂清洗手上可能有的油污,穿上喷漆防护服,戴上供气式全面罩(或戴上护目镜和活性炭式面罩),戴上无硅乳胶手套,然后用压缩空气清除黏附在衣服上的灰尘。

6. 涂料的准备

①将调色的涂料按所需的量取出,加入固化剂,调整好黏度。通常的做法是将主剂和固化剂调配之后,加入稀释剂调整黏度。

②漆料黏度并非常量,其随温度变化,即使同一种涂料,冬季比夏季显得稠。黏度越高的涂料,随温度变化的特征越明显,所以即使加入相同量的稀释剂,夏季黏度为 13 ~ 14 Pa·s,冬季黏度为 20 Pa·s 左右。

7. 面漆喷涂的工艺流程

面漆分为单工序面漆(素色漆)和双工序面漆(金属面漆,有时也有素色漆)两种,其喷涂工艺各不相同,如图 7-6 所示。

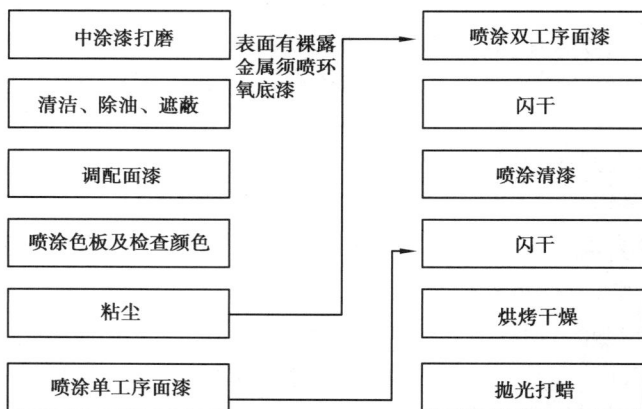

图 7-6 面漆的涂装工艺

📖 思考题

1. 简述汽车面漆喷涂的常用手法。

2. 对已经完成打磨中涂底漆的板块,以及喷涂面漆前要进行哪些准备工作?

3. 简述面漆喷涂的工艺流程。

		_____任务工单	
1	工作安全		
2	工具设备		
3	工作步骤		
4	注意事项		
5	小结与反思		

	任务评价				
学生姓名：			工作任务：		
序号	技术要求	配分/分	学生自我评估	小组评估	教师评估
1	正确穿戴防护用品	10			
2	打磨中涂底漆	5			
3	打磨过渡区域	5			
4	正确调节喷枪参数	10			
5	按色漆过渡要求走枪	10			
6	检查喷涂效果,是否有色漆颗粒粗糙	10			
7	按产品要求喷涂清漆	10			
8	检查喷涂缺陷	20			
9	整理场地"7S"	20			
	合计	100			

任务 15　局部过渡喷涂面漆

任务目标

1. 能够正确描述局部修补过渡喷涂的含义。
2. 能够正确进行局部修补过渡喷涂工艺的选择。
3. 能够正确描述局部过渡喷涂时对底材的处理要求。
4. 能够正确进行素色面漆局部过渡喷涂。
5. 能够正确进行金属色面漆的局部过渡喷涂。
6. 具备安全生产意识、环境保护意识以及团队协作意识的职业素养。
7. 能够检查、评价、记录工作结果。

任务描述

现有一辆右侧车门局部轻微受损变形的事故车辆(图7-7),已完成对受损部位所有面漆喷涂前的处理工作,按照涂装工艺流程,本任务须对车辆进行局部面漆喷涂。

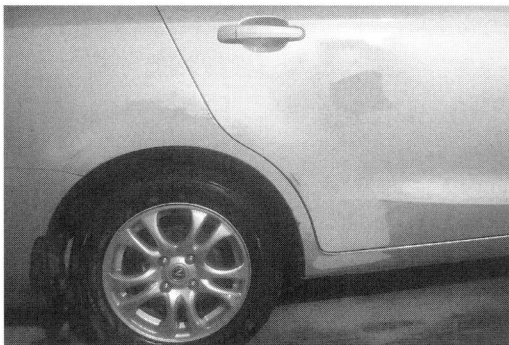

图 7-7　右侧车门损伤变形

任务分析

局部修补喷涂是对车身的某一局部进行喷涂,面积较小,同时靠近边缘,这样能保证喷涂的区域与未喷涂的区域有良好过渡,不会出现色差和小太阳黑边。因此,为了使修补区域颜色一致,而进行的修补涂装工艺。

任务准备

物料准备:工具车、遮蔽纸及胶带、喷烤两用房、除油布、除油剂、耐溶剂喷壶、粘衬布、调漆杯、调漆尺、电子秤、调漆间、SATAHVLP1.3 mm 喷枪、板件等。

人员准备:穿戴连体式防护服、耐溶剂手套、防毒面罩、安全护目镜、安全鞋。

📖 任务实施

1. 素色漆的局部喷涂

（1）喷涂前的打磨和遮盖

①先用 P400 号干磨砂纸打磨中涂底漆涂层区域，然后用 P500 号干磨砂纸打磨修补的过渡区域。

②用除尘枪除尘、除水，用除油剂清洁整个待涂表面和周边部位，将非喷涂区域遮盖。

（2）喷涂前的其他准备工作

①再次对待涂表面进行除尘、除油和粘尘，确保待涂表面清洁。

②配制、过滤待涂面漆。

③选用口径为 1.3 mm 的重力式环保喷枪，按照喷涂的具体要求调整并检测喷枪，使之保持理想的工作状态。

（3）预喷涂

①将环保型重力式喷枪的工作气压调整到 147 ～ 196 kPa，喷涂流量为 1/2，喷幅宽度为 3/4。

②以 15 cm 的喷涂距离在中涂底漆涂层区域较快地喷涂。

③静置 3 ～ 5 min 进行闪干。

（4）着色喷涂

①将环保型重力式喷枪的工作气压调整到 98 ～ 147 kPa，喷涂流量为 2/3，喷幅宽度为 2/3，以 13 cm 的喷涂距离在中涂底漆涂层区域和过渡区域速度适中地喷涂。

②当喷枪走枪到中涂底漆涂层边缘外围时，喷枪按"挑枪法"向晕色区域做弧形摆动，以形成颜色逐渐变淡的过渡层。

③静置 3 ～ 5 min 进行闪干。

（5）修饰喷涂

①在喷枪涂料罐中加入适量的稀释剂，使涂料的黏度降低到 13 ～ 14 Pa·s。

②修饰喷涂的喷枪参数与着色喷涂时相同，在比着色喷涂稍大的区域内以 17 cm 的喷涂距离速度适中地喷涂。

③静置 3 ～ 5 min 进行闪干。

（6）晕色处理

①以涂料 30%、稀释剂 70% 的用量，在喷枪涂料罐中加入稀释剂，充分搅匀后，在旧涂膜和涂料颜色的渐变区域薄薄地喷涂。

②闪干 3 ～ 5 min 后，在喷枪中加入专用驳口水，在修补边缘更广的区域内薄薄地喷涂。

（7）面漆的干燥

①静置 10 ～ 15 min，使修补涂膜中的稀释剂充分挥发，直至用手指触碰不粘手。

②将烤漆房调整到烘烤模式，设置 35 min 的烘烤时间。

（8）收尾工作

①烘烤结束后，趁板件或车身涂膜未冷时揭开遮盖胶带。

②清洗喷枪和其他涂装工具，拿出喷好的板件，清洁烤漆房。

2. 金属闪光漆的局部喷涂

（1）喷涂前的打磨与遮盖方法

①先用 P400～P500 号干磨砂纸打磨中涂底漆涂层区域，然后用 P1000～P1500 号干磨砂纸打磨修补的过渡区域。

②用除尘枪除尘、除水，用除油剂清洁整个待涂表面和周边部位，将非喷涂区域遮盖好。

（2）喷涂前的其他准备工作

①对待涂表面进行除尘、除油和粘尘，确保待涂表面清洁。

②配制、过滤金属闪光漆和透明清漆。

③选用口径为 1.3 mm 的环保型重力式喷枪，按照喷涂的具体要求调整并检测喷枪，使之达到理想的工作状态。

（3）喷涂底清漆（驳口清漆）方法

①将环保型喷枪的喷涂气压调整至 147 kPa，喷涂流量为 2/3，喷幅宽度为 2/3。

②在中涂底漆层边缘的过渡区域，以 15 cm 的喷涂距离速度适中地喷涂一层清漆。（作用：使所喷的金属闪光漆更光滑，防止出现"黑圈"现象。所谓黑圈现象，是指在用金属漆进行修补时，色漆过渡的边缘部分容易形成干喷，导致铝粉排列不均匀，直接观察时颜色发黑。）

（4）金属闪光漆的预喷涂方法

①将环保型喷枪的喷涂气压调整至 196 kPa，喷涂流量为 1/2，喷幅宽度为 3/4。

②在中涂底漆层的范围内，以 17 cm 的喷涂距离速度较快地预喷一层金属闪光漆。

③闪干 3 min。

（5）金属闪光漆的着色喷涂方法

①将环保型喷枪的喷涂气压调整至 147 kPa，喷涂流量为 2/3，喷幅宽度为 2/3。

②在中涂底漆层和过渡层区域，以 15 cm 的喷涂距离用"挑枪法"速度适中，薄薄地喷涂，着色喷涂决定涂层的颜色，一般要喷涂 2～3 遍，如果着色不好，则要喷涂 3～4 遍。

③闪干 2～3 min。

（6）金属闪光漆的消斑处理方法

①将 50% 的金属闪光漆与 50% 的清漆混合，黏度调至 11～12 Pa·s。

②喷枪参数与着色喷涂相同，喷涂范围比着色喷涂要宽一些，使涂料呈雾状，薄薄地喷涂。

③两次消斑处理之间设置 2～3 min 的闪干时间，消斑处理结束后，静置 10～15 min 闪干。

（7）透明清漆的预喷涂方法

①将环保型喷枪的喷涂气压调整至 147 kPa，喷涂流量为 2/3，喷幅宽度为 2/3。

②以 15 cm 的喷涂距离，速度适中地在整个修补区域喷涂薄薄的一层透明清漆。

③静置闪干 5 min。

（8）透明清漆的精细喷涂方法

①将环保型喷枪的喷涂气压调整至 147 kPa，喷涂流量为 3/4，喷幅宽度为全开。

②以 10～13 cm 的喷涂距离，速度较慢地在大于清漆预喷涂的范围厚喷一层透明清漆。

③静置闪干 3～5 min。

金属漆局部喷涂

（9）晕色处理方法

①以涂料20%、稀释剂80%的用量，在喷枪涂料罐中加入稀释剂，充分搅匀后，在旧涂膜和新喷清漆的交界处薄薄地喷涂。

②静置闪干3~5 min后，在喷枪中加入专用驳口水，在修补边缘更广的区域内薄薄地喷涂。

（10）金属闪光面漆涂层的干燥方法

①静置10~15 min，使修补涂膜中的稀释剂大部分挥发，直至用手指触碰不粘手。

②将烤漆房调整到烘烤模式，在60 ℃的条件下烘烤35 min。

（11）收尾工作

①烘烤结束后，趁车身涂膜未冷，揭开喷涂边缘的遮盖胶带。如果晕色区和修补区的涂膜质量良好，无须修整和抛光，则去除所有遮盖物。

②清洗喷枪和其他喷涂辅助工具，整理漆料、废料，归置和保养喷涂设备，清洁场地。

📖 知识链接

1. 局部过渡喷涂的工艺

过渡喷涂指在车身维修时，为了弥补修补板件的某些缺陷（主要是新旧涂层颜色差异），而将维修区域向相邻的区域（板件）扩展的方法。

过渡喷涂要求底色漆必须局部过渡喷涂，清漆最好整板喷涂。

金属漆的局部修补喷涂分为局部过渡喷涂工艺、板内过渡喷涂工艺和板外过渡喷涂工艺3种。

①局部过渡喷涂工艺是指局部喷涂色漆，局部罩清漆。

②板内过渡喷涂工艺是指局部喷涂底色漆、整板罩清漆。

③板外过渡喷涂工艺是指在需修补件和相邻板件上喷涂底色漆，部分颜色在相邻板件上过渡，整板罩清漆（包括相邻板件）。

2. 局部修补边界的选择

局部修补区域选择非常重要，修补后的漆膜与原漆膜差异要小，基本看不出被修补过。所以，选择必须满足以下条件。

①选在车身板件面积较窄处，如A柱、B柱、C柱等处。

②选在车身拐角部位，如保险杠蒙皮拐角处等。

③板件的棱线部位。

④不适合进行驳口过渡喷涂的部位：发动机罩、后备厢等平面显眼处。

3. 局部修补和过渡喷涂对底材的要求

要求在整板喷涂的基础上对过渡区域做更精细的处理，如图7-8所示。控制施涂范围，过渡前，首先打磨中涂底漆，然后打磨色漆过渡喷涂区域，过渡区域的范围一定要达到要求，尽可能扩大些；最后打磨清漆喷涂区域。要保证打磨彻底，直至打磨区域无光泽，且保证不磨穿、无遗漏。

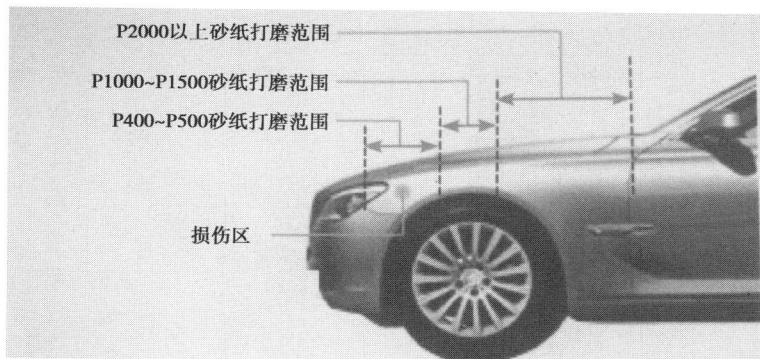

图7-8　修补底材处理

4. 驳口水

驳口水也叫接口水,如图7-9所示。它是进行面漆过渡喷涂时使用的涂料,可以帮助过渡区域的色漆层变得平滑均匀,防止修补区域周围颜色的深暗。

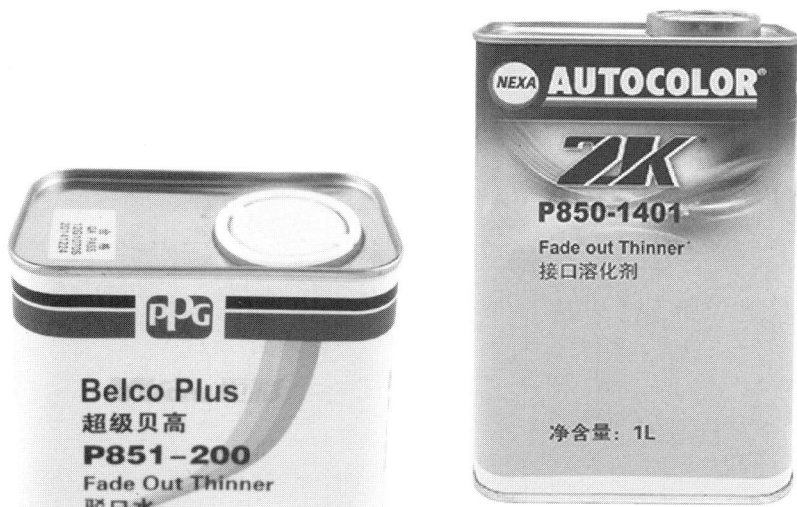

图7-9　驳口水

驳口水开罐即可使用,使用前要充分摇匀,在素色漆最后一道喷完后或者金属漆最后一道清漆喷完后,须马上喷涂一层驳口水。

📖 思考题

1. 简述汽车面漆局部喷涂的常用工艺。
2. 局部修补喷涂为什么要进行边界的选择?
3. 局部修补前要做哪些准备工作? 有没有必要做这些工作? 为什么?
4. 简述局部面漆喷涂的工艺流程。

		_____任务工单		
1	工作安全			
2	工具设备			
3	工作步骤			
4	注意事项			
5	小结与反思			

任务评价					
学生姓名：			工作任务：		
序号	技术要求	配分/分	学生自我评估	小组评估	教师评估
1	正确穿戴防护用品	10			
2	打磨中涂底漆	5			
3	打磨过渡区域	5			
4	正确调节喷枪参数	10			
5	按色漆过渡要求走枪	10			
6	检查喷涂效果,是否有颗粒粗糙、有明显接口(黑圈)	10			
7	按产品要求喷涂清漆	10			
8	检查喷涂缺陷	20			
9	整理场地"7S"	20			
	合计	100			

任务 16　修补漆膜缺陷

📖 任务目标

1. 能够正确描述面漆涂装后的处理项目。
2. 能够正确描述涂装常见缺陷产生的原因及解决办法。
3. 能够正确进行抛光作业。
4. 能够具备安全生产意识、环境保护意识以及团队协作意识的职业素养。
5. 能够检查、评价、记录工作结果。

📖 任务描述

现有一辆右侧前车门局部轻微受损变形的事故车辆(图 7-10),已完成对受损部位的面漆喷涂工作,按照涂装工艺流程,本任务需要对车辆进行抛光作业。

图 7-10　准备抛光的门板

📖 任务分析

面漆涂布结束后,涂装工作已大部分完成,但由于涂装过程中,不可避免地会出现一些缺陷,另外,一些类型的面漆,喷涂后必须经过抛光等处理后,才能获得合适的光泽效果,故喷涂结束后还须进行最后的修整工作。涂膜的修整主要包括清除贴护、修理小范围内的缺陷和表面抛光、打蜡等。

在涂装最末道面漆后,由施工人员和专检人员按该车型的质量标准对该车进行一次全面的检查,并将发现的各种缺陷填写在工艺质量卡上。然后由操作技术好的施工人员按质量卡上所列缺陷项目依次将缺陷修补合格。

收尾操作人员要有熟练的技术,对各层涂料的涂装操作工艺和用料都非常了解。常见缺陷有流挂、针孔、橘皮、痱子、砂痕、咬底、龟裂、变色、遮盖力差、银粉不均匀等。

📖 任务准备

物料准备:工具车、遮蔽纸及胶带、抛光机、抛光盘、抛光蜡、修整刀片、磨板、美容砂纸、门皮或翼子板、美容毛巾、水桶等。

人员准备:穿戴工作服、防水围裙、耐溶剂手套、防尘口罩、安全护目镜、安全鞋。

📖 任务实施

1. 漆面抛光前的遮蔽

为防止打磨及抛光损伤或污染相邻工件,需要进行遮蔽保护,可以尽量利用喷涂时的遮蔽,保留至抛光时使用。

2. 正确穿戴防护用品

为防止吸入抛光时产生的微细粉尘、颗粒,抛光时应佩戴防尘口罩、防护眼镜,穿安全鞋。

3. 细磨缺陷部位

具体打磨砂纸型号需参照不同砂纸厂商要求。通常可以用半弹性垫块衬 P1000 水磨砂纸打磨缺陷部位,然后用 P1500 和 P2000 水磨砂纸打磨。也可以使用偏心距小于 3 mm 的双作用打磨机配合 P1000 水磨砂纸、P2000 水磨砂纸、P4000 水磨砂纸打磨缺陷,把流痕、脏粒、轻微划痕打磨平整,使缺陷部位达到无光(注意不能磨穿漆膜,否则就需重新喷涂)。

4. 漆面的粗抛

清洁钣件表面,将抛光机的转速调至 1 000 ~ 1 500 r/min,安装好白色羊毛轮,将粗抛光剂均匀地涂于羊毛轮上,然后将抛光机的羊毛轮平放在漆面上后启动,如图 7-11 所示。抛光机在漆面上有规律地沿水平方向来回移动抛光时,一次抛光面积不宜过大,长、宽均约为60 cm,抛光时要特别注意棱线、棱角及高出平面的造型,这些部位抛光时触及机会较多,容易磨穿漆膜。

图 7-11　粗抛

5. 漆面的细抛

当漆面用粗抛光剂完成抛光后,漆面的打磨砂纸痕迹已经去除,漆面呈现部分光泽,此时须用细抛光剂消除粗抛光机所产生的细小痕迹,使漆面更平滑、光亮。用干净的软布擦净前道抛光残留物,摇匀细抛光剂,将其均匀涂于黄色海绵轮表面,如图 7-12 所示,此时应将抛光

机的转速调整到约 1 800 r/min,按照粗抛光同样的方法均匀移动抛光。对于抛光机难以抛光的部位,可以使用专用抛光软布进行手工抛光,直至漆面抛亮即可。完成抛光后,使用干净的软布擦净涂面。此时,漆面外观亮度及丰满度应已经合格,只是对于深色漆面,还可以看出细抛光剂抛光后的抛光轮转动的痕迹,所以还要继续使用更细的抛光剂进行抛光。

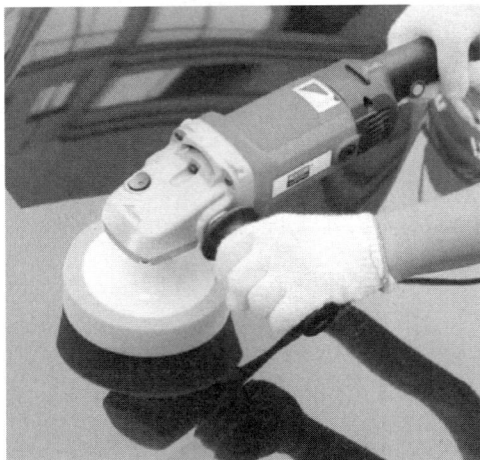

图 7-12　细抛

6. 漆面的研磨

对漆面质量要求很高时,例如,对于深色漆面,使用更细的抛光剂及黑色海绵轮对漆面继续进行抛光,如图 7-13 所示,以消除前一道抛光剂所留下的抛光痕迹。

图 7-13　使用黑色海绵轮抛光

对于局部修补区域,可在漆膜完全干燥后,对接口部位使用小型抛光机进行抛光,如图 7-14 所示。由于局部修补区域的边缘部位漆膜很薄,所以抛光时须非常小心,为了防止修补区域边缘产生线形痕迹(通常无须打磨),直接用细抛光剂开始抛光,抛光方向也要从新喷区域向旧漆面部位单向抛光。抛光力度不宜过大,抛光程度不宜过深。

对于较难用抛光机抛光的表面,可采用手工抛光,将少量抛光剂倒在软布上,在修补接口处,从新喷区域向旧漆面单向抛光。

图 7-14　小型抛光机

7. 清洁

使用干净的软布擦净涂面。

知识链接

1. 汽车抛光工具与材料

（1）抛光机

抛光机按动力形式分为电动机驱动和压缩空气驱动两种形式，如图 7-15 所示。气动抛光机比电动抛光机轻，便于手提。其转速随着气压的升降而改变，一般为 2 000 ~ 2 500 r/min。如今的气动抛光机，与以前的相比，已有很大改进，使用更加方便。电动抛光机比气动抛光机重，其回转力基本上不随加力改变而改变，工作平稳，适宜于抛光作业。其功率要比气动抛光机大，缩短了作业时间。

（a）电动抛光机

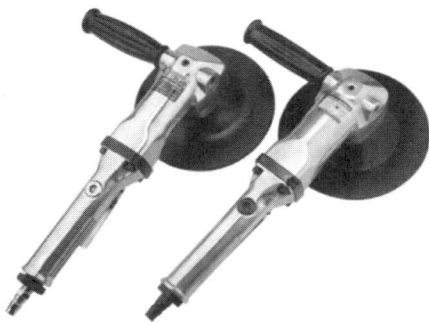

（b）气动抛光机

图 7-15　抛光机

（2）抛光盘的选择

抛光机的主要附件是抛光盘。抛光机按与主机的连接方式不同可分为螺母盘、螺栓盘、吸盘 3 种。根据材料的不同，抛光盘可分为羊毛球、粗海绵、细海绵和蜂窝状海绵 4 种，如图 7-16 所示。抛光盘的选择要根据漆膜损伤程度而定，具体选择标准见表 7-1。

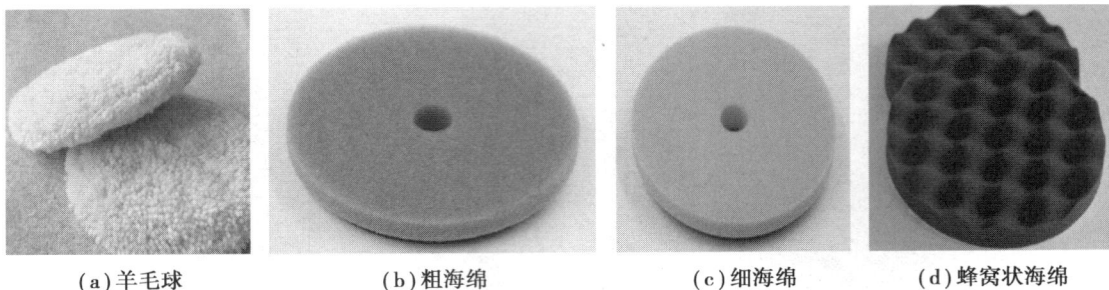

（a）羊毛球　　　　　　（b）粗海绵　　　　　　（c）细海绵　　　　　（d）蜂窝状海绵

图 7-16　抛光盘

表 7-1　抛光盘的选择标准

抛光盘	特点	适合漆膜
羊毛球	一般用于漆膜粗抛光。其特殊之处是空气流通,漆膜温度最佳,切削能力最强	划痕严重、新补漆的表面处理
粗海绵	用于严重受损的旧漆膜抛光,切削能力强	划痕严重、新补漆的表面处理
细海绵	精细抛光,提升漆膜表面光泽	粗抛光后去除发丝上的划痕
蜂窝状海绵	还原抛光,其蜂窝状结构有助于消除抛光纹	细抛光、漆膜、保养

2. 抛光剂

（1）抛光蜡

抛光蜡主要由水溶性蜡（也有油性蜡）内加研磨颗粒组成,按研磨颗粒粗细程度、用途、适用范围、效果等不同一般可分为 3 个等级,见表 7-2。

表 7-2　抛光蜡的比较

蜡的分类	用途	适用范围	抛光效果
粗蜡	消除砂纸痕迹,使涂膜具有光泽或在对良好的失光旧漆膜进行抛光美容时使用	使用美容砂纸（P1000～P2000 干磨或 P2000 水磨）对需要打磨的部位进行研磨	消除砂纸痕迹
中粗蜡	消除粗蜡研磨痕迹,使涂膜光亮	适用于经粗蜡研磨过的抛光部位	涂膜光亮,鲜映性良好,基本不需要做其他上光处理
还原蜡	使涂膜达到反光效果	用于最终抛光处理	涂膜光亮,鲜映性最好

（2）车蜡

目前市场上有油性车蜡和水性车蜡两种产品,其优缺点分别见表 7-3。车蜡中不含研磨颗粒,只起保护涂膜作用。

表 7-3　车蜡优缺点比较

车蜡分类	优点	缺点
油性车蜡	不易干燥、耐水性较好,保持时间长（一周左右）	不溶于水,不易用水清洗干净;干燥慢,容易在车身上粘细小沙尘,影响光亮

续表

车蜡分类	优点	缺点
水性车蜡	可溶于水,干燥时间短,车上粘的细小沙尘很容易用水清洗干净	耐水性差,保持光泽时间比油性车蜡短

3.漆膜缺陷原因分析及修整方法

（1）流挂

流挂是指涂料以"窗帘状"或片状向下运动,使漆膜厚薄不均匀流滴或挂幕下垂的状态,如图 7-17 所示。

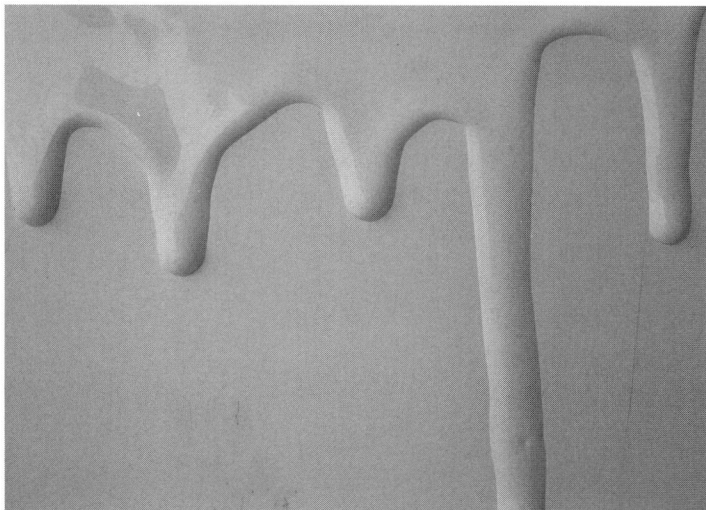

图 7-17　流挂

产生原因如下:

①使用了干燥速度慢的溶剂或溶剂过多。

②喷枪操作不当,喷涂距离和角度不正确,移动速度过慢,漆膜过厚。

③喷涂气压过低或喷幅太小。

预防措施如下:

①正确选择溶剂,注意溶剂的溶解能力和挥发速度。

②喷涂物体表面时,喷枪距离应控制在 15～20 cm 恒定速度。

③按涂料说明书调整喷涂气压及喷幅扇面。

解决办法如下:

①漆膜彻底干燥后,用 P1500～P2000 号美容砂纸湿磨后抛光。

②若细磨未达到理想效果,就再次进行彻底的底材处理,重新喷涂。

（2）针孔

针孔是指一种漆膜表面像被针扎过一样的小孔,如图 7-18 所示。

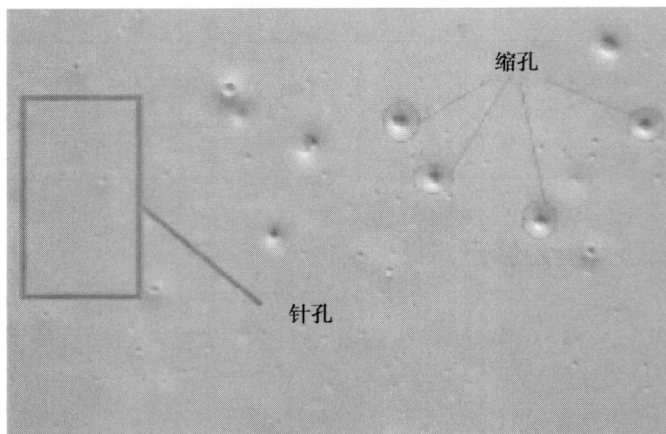

图 7-18　针孔

产生原因如下：

①涂料的流动性不好，流平性差，释放泡性差。

②漆膜黏度高，一次喷涂过多，喷涂间隔时间过短，使溶剂未能完全挥发。

③喷涂后未充分晾干，烘干温度过高，使表面干燥过快。

预防措施如下：

①使用挥发较慢的稀释剂，以改善表面的流平性。

②按正确的配比加入溶剂调试涂料。

③每层间隔足够的干燥时间。

④底漆完全干燥后进行下一道工序。

解决办法如下：

①当针孔少时，可用砂纸打磨后再次喷涂。

②当针孔过多且比较深时，应将漆膜上的针孔研磨掉后再重新喷涂。

（3）橘皮

橘皮是指漆膜表面呈现疙瘩状、不平整，类似橘子皮，如图 7-19 所示。

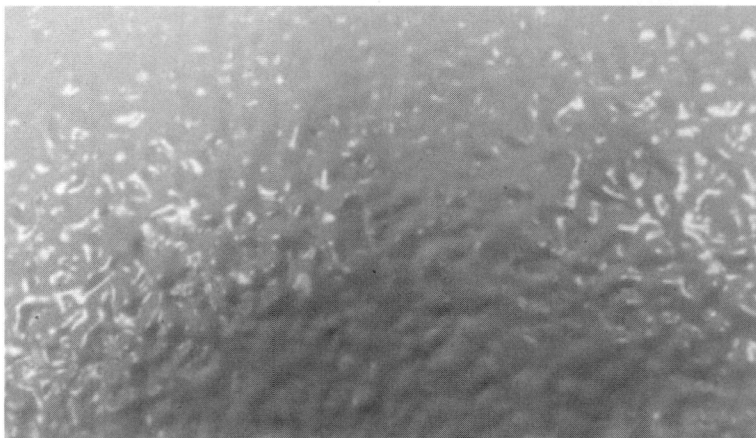

图 7-19　橘皮

产生原因如下：

①喷涂方法不当,喷枪离基材表面太远,压缩空气的压力不当,喷嘴调节不当。

②漆膜太厚或太薄。

③涂料黏度不适当,造成漆膜过厚难以流平。

④各漆层间的流平时间不足。

⑤环境温度或基材表面温度过高。

⑥喷枪喷涂时速度过快,距离过远。

预防措施如下：

①采用正确的喷涂方法,保证设备调节适当。

②各漆层间要有足够的流平时间。

③在推荐温度范围内喷涂,并保证通风适当。

④正确使用喷枪,掌握速度、距离、气压及喷幅。

解决办法如下：

①将橘皮缺陷打磨平,然后抛光。

②情况严重时,先将缺陷部位打磨,然后重新喷漆。

（4）痱子

漆膜表面呈现成片的大小不等、密度不同的气泡。大气泡直径大于 1.5 mm,一般成片出现,有时也会单独出现;小气泡直径一般为 0.5 mm 左右,其分布蜿蜒曲折或状似指纹。痱子又称起泡、溶剂泡等,如图 7-20 所示。

图 7-20 痱子

产生原因如下：

①表面不清洁,残留了水或者油、油脂等污染物。

②使用不配套材料,没按规定使用稀料。

③油漆过厚,每道漆之间闪干时间不够。

④水分渗入漆膜,漆膜在完全固化之前受到雨淋或暴露在湿度很高的环境中,因水、气渗入增加了产生气泡的可能性。

⑤喷涂后不宜过早烘烤。

预防措施如下：

①注意保护漆膜表面,喷漆前的表面处理工作要彻底。

②按规定使用配套涂料。

③按正确的喷涂工艺进行操作。每道漆之间要留足够的闪干时间。

④在漆膜完全固化之前,避免使其暴露在湿度太大和温度变化剧烈的环境中。

⑤空气压缩机储气罐要每日排水。

解决方法如下：

①用一根针挑破气泡,以确定气泡的深度,并用一个低倍放大镜仔细观察,查出气泡产生的原因。

②当气泡发生在涂层之间时,可将缺陷区域的漆膜打磨掉,露出完好的漆层后,重新喷漆。

③若缺陷严重,或气泡发生在底漆与基材之间,则应将基材之上的漆层全部除掉,然后重新喷漆。

（5）砂痕

砂痕是指漆面上可以看到的砂纸打磨的痕迹,如图 7-21 所示。

图 7-21　砂痕

产生原因如下：

①打磨底漆或腻子所选用的砂纸太粗。

②划痕较深处,过量使用溶剂,也会使得划痕明显。

预防措施如下：

①按砂纸从粗到细的顺序使用,进行细磨。

②打磨平整后用填眼灰进行刮涂,待涂层干后,用 P800 号的砂纸进行打磨。

解决办法如下：

①如果是较轻的砂纸划痕,可用 P1200 ~ P1500 号的水砂纸打磨,然后用抛光蜡进行抛光。

②若砂痕严重,则需要彻底打磨后再重新喷涂漆面。

（6）咬底

漆膜"咬底"缺陷是指在喷涂后,面漆膨胀起皱,并与底层涂层分离的一种现象,如图 7-22 所示。

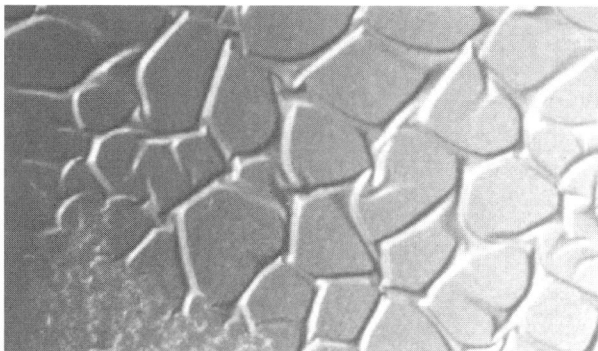

图 7-22　咬底

产生原因如下：

①所喷油漆与底材涂料不配套。

②底漆或腻子干燥不彻底。

预防措施如下：

①确保所喷油漆与底材的涂料配套。

②确保底层涂料干透后喷涂面漆。

解决办法如下：

清除咬底部位漆膜，并细磨平整，然后重新喷涂面漆。

（7）龟裂

龟裂指表面收缩，形成不同条状的裂纹，如图 7-23 所示。龟裂又称为裂纹、分裂、开裂等。

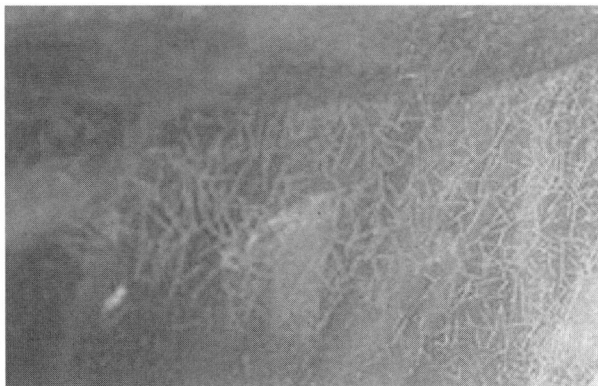

图 7-23　龟裂

产生原因如下：

①油漆混合不均匀，稀释剂不足或所使用的稀释剂型号不对。

②漆膜太厚，在未完全固化或过厚的底层漆上喷涂色漆。

③被涂物表面太热或太冷。

④漆层不匹配。

⑤使用需添加固化剂的涂料时没添加固化剂。

预防措施如下：

①将油漆混合均匀，按规定的型号和比例使用稀释剂。

②采用正确的喷涂方法,每层漆膜要薄而湿,要保证各层之间足够的流平时间。

③按照油漆使用说明,添加规定的添加剂。

解决办法如下:

打磨产生裂纹区域的漆膜直至露出完整、平滑的表面甚至金属层,然后重新喷涂。

（8）变色

变色指漆面干燥后,出现泛黄等变色现象。

产生原因如下:

烘烤温度过高或时间过长。

预防措施如下:

严格按照涂料制造商的要求设置烘烤温度和时间。

解决办法如下:

漆膜完全干透后用细砂打磨平滑,重新喷涂。

（9）遮盖力差

遮盖力差是指透过漆膜可以看见下层颜色,如图 7-24 所示。遮盖力差又称为遮蔽性差、透明膜等。

图 7-24　遮盖力差

产生原因如下:

①喷涂方法不当,漆膜过薄或层数太少。

②涂料混合不均匀。

③研磨、抛光过度,减小了色漆层的厚度。

④稀料过多。

⑤基底的颜色不对。

⑥漆量使用不足。

预防措施如下:

①使用正确的喷涂方法,保证漆膜的厚度。

②将涂料彻底混合均匀。

③严禁对漆膜过度抛光,要特别注意边角区域。

解决办法如下:

将缺陷区域打磨平整,然后重新喷漆。

（10）银粉不均匀

银粉不均匀只发生在金属漆（银粉及珍珠漆）上,银粉片形成斑点或条带状的斑纹等外观特征,如图 7-25 所示。

图 7-25 银粉不均匀

产生原因如下:

①用错稀释剂。

②各成分没有混合均匀。

③喷涂过湿。

④喷枪距工作板面太近。

⑤喷涂时行枪不均匀。

⑥喷漆室内温度过低。

⑦清漆喷在没有充分闪干的色漆层上。

⑧涂层受湿空气或潮湿天气影响。

⑨涂层太厚。

预防措施如下:

①选择适合所在喷漆房条件的稀释剂或稀料,并正确混合(在寒冷、潮湿的天气选择快干稀料)。

②彻底搅拌所有色漆,特别是银粉漆和珍珠漆。

③正确使用喷枪调整技术,包括喷涂技术和空气压力。

④保持喷枪清洁(特别是控漆针阀和空气帽),并确保其处于良好的工作状态。

⑤不要把色漆层喷得太湿。

解决办法如下:

①使色漆层干燥,根据不同色漆连续修饰两遍。

②如果缺陷在喷清漆后才被发现,则待清漆彻底干燥后依照作业程序,重喷色漆和清漆。

🖥 思考题

1. 面漆喷涂结束后,发现表面有流挂现象,请说明产生这一缺陷的原因及补救办法。

2. 面漆喷涂结束后,发现表面有痱子现象,请说明产生这一缺陷的原因及补救办法。

3. 在面漆喷涂中,发现表面有咬底现象,请说明产生这一缺陷的原因及补救办法。

4. 简述抛光材料及工具的种类及作用。

5. 简述抛光流程及注意事项。

		_____任务工单		
1	工作安全			
2	工具设备			
3	工作步骤			
4	注意事项			
5	小结与反思			

任务评价					
学生姓名：			工作任务：		
序号	技术要求	配分/分	学生自我评估	小组评估	教师评估
1	正确穿戴防护用品	10			
2	正确打磨漆面轻微缺陷	10			
3	正确打磨漆面轻微缺陷	10			
4	正确打磨漆面轻微缺陷,不能磨穿漆膜	15			
5	正确安装抛光盘	5			
6	均匀涂抹抛光蜡,准备抛光	5			
7	正确使用抛光机,保持稳定转速	10			
8	检查抛光效果	25			
9	整理场地"7S"	10			
	合计	100			

项目八
典型漆膜涂装工艺

【项目描述】

  学生通过本项目的学习,能够熟悉塑料件喷涂及水性油漆涂装施工工艺流程,掌握典型漆膜施涂的操作要领,具备对受损车身损伤区进行面漆涂装的技能。

任务 17　塑料件的涂装

📖 任务目标

1. 了解汽车常用塑料及其用途。
2. 能够正确描述汽车常用塑料件的涂装特点。
3. 能够进行塑料件种类鉴别。
4. 能够正确描述塑料件漆面修复流程及注意事项。
5. 能够进行塑料件的涂装操作。
6. 能够具备良好的安全意识、卫生习惯,环境保护意识以及团队协作意识的职业素养。
7. 能够检查、评价、记录工作过程。

📖 任务描述

现有一辆前保险杠受损严重的事故车辆(图 8-1),需更换前保险杠并进行涂装作业。学生通过本项目的学习,能够掌握塑料件涂装工艺流程,具备对受损塑料件的面漆涂装技能。

图 8-1　保险杠损伤变形

📖 任务分析

汽车制造中,塑料在汽车上的应用越来越多,很多外覆盖件也由塑料制成,比如前后保险杠、门把手、后视镜外壳等。由于塑料件涂装存在热变形温度低,涂料干燥固化加热温度受限制;塑料注塑成型时使用脱模剂等污染物不易清洗干净,造成漆膜附着力差等问题,这使得塑料件的涂装需要特殊工艺。

📖 任务准备

物料准备:保险杠、防静电除油剂、菜瓜布及研磨膏、洗车毛巾、原子灰、刮刀、各型号砂纸、电子秤、塑料底漆、面漆、调漆尺、调漆杯、喷枪、喷烤房等。

人员准备:穿戴防护服、耐溶剂手套、防护面罩、护目镜、安全鞋、耳塞。

📖 任务实施

①按要求佩戴防护用品。

②使用防静电塑料除油剂清洁保险杠。

塑料件生产企业通常采用蜡、硅酮或硬脂酸作为脱模剂,这些材料会导致涂膜附着力差。

③先使用菜瓜布配合研磨膏打磨塑料表面,然后用清水清洗干净,吹干。

④检查保险杠表面是否有变形、凹陷等缺陷,若有需校正打磨,刮涂塑料原子灰并打磨平整。保险杠表面若没有缺陷就直接进行下一步。

⑤用清水清洗干净并吹干,再次使用防静电塑料除油剂清洁保险杠。

⑥喷涂塑料底漆。

塑料底漆通常分为两种:一种是单组分透明塑料底漆,一种是双组分灰色塑料底漆,通常采用湿碰湿免磨方式施工,具体选择何种塑料底漆需参照产品说明书。

由于塑料底漆填充性较差,当塑料件上有划痕、沙眼、针孔等缺陷时,建议对塑料保险杠整喷中涂底漆来填补缺陷。

对不需刮涂塑料原子灰的保险杠,可直接采用湿碰湿免磨中涂底漆,不需打磨,通常闪干15 min 后即可喷涂面漆。

⑦打磨中间漆,使用 P400 ~ P500 砂纸打磨底漆后,喷涂色漆。

⑧色漆喷涂后,喷涂清漆。喷涂清漆时,应根据使用说明按比例添加柔顺剂。

⑨喷涂结束后,按"7S"要求整理设备和场地。

📖 知识链接

1. 汽车塑料件

汽车制造业的塑料材料大致可分为两类,即热塑性塑料和热固性塑料,见表18-1。

热塑性塑料以热塑性树脂为主要成分并添加各种助剂而制成。在一定温度条件下,热塑性塑料能软化或熔融成任意形状,冷却后硬化,并且这种软化和硬化只是一种物理变化,可多次反复,故热塑性塑料始终具有可塑性。

热固性塑料在加热固化时发生的是化学变化,在第一次加热时热固性塑料可以软化流动,待加热到一定温度,则产生化学反应交联固化而变硬,这种变化是不可逆的,再次加热时,就不会变软流动了。这是因为热固性塑料的树脂固化前是线型或带支链的,固化后分子链之间形成化学键,成为三维的网状结构,故不仅不能再熔解,而且在溶剂中也不会被溶解。正是由于这种特性,热固性塑料不能用于焊接,回收较为困难,应用不如热塑性塑料广泛,主要用于隔热、耐磨、绝缘等要求较高的环境。

表 18-1　汽车常用塑料及用途

类型	符号	化学成分	主要用途
热塑性塑料	PC	聚碳酸酯烯	内部刚性装饰板
	PVC	聚氯乙烯	内部饰件、软垫板
	PE	聚乙烯	翼子板内板、内装饰板、溢流箱、扰流器、散热器护罩、汽油箱
	PS	聚苯乙烯	仪表板外壳、汽车灯罩
	PP	聚丙烯	保险杠护罩、导流板、内部嵌条、散热器护罩、内翼子板、汽油箱
	TPE	热塑性人造橡胶	保险杠护罩、发动机罩等部件
	TPUR	热塑性聚氨基甲酸乙酯	保险杠护罩、挡泥板、迎宾踏板
热固性塑料	TPO、EPM、TEO	聚丙烯+乙烯丙烯橡胶（至少20%）聚烯烃	保险杠护罩、导流板、扰流板、仪表板、格栅
	PA	聚酰胺	前照灯灯圈、散热器箱、侧围板外延部分、外部装饰部件
	PC+PBT	聚碳酸酯+聚丁烯对苯二酸酯	保险杠护罩
	PPE+PA（PPO+PA）	A 聚亚苯基乙醚+聚酰胺	翼子板、外部装饰件
	ABS	丙烯腈丁二烯苯乙烯	仪表组、装饰嵌条、控制台、肘靠、格栅
	PUR	热固性聚氨基甲酸乙酯	保险杠护罩、前后车身面板
	PC+ABS	聚碳酸酯+丙烯腈丁二烯苯乙烯	车门内饰板、仪表板
	UP、EP	不饱和聚酯、环氧树脂（热固性）	翼子板外延部分、发动机罩、车顶、行李舱盖、仪表组护罩
	TEEE	醚酯人造橡胶	保险杠面板、迎宾踏板套
	PET	聚对苯二甲酸乙醇酯+聚酯	翼子板
	EEBC	醚酯嵌段共聚物	迎宾踏板嵌条、叶子板外延部分、保险杠延长段
	EMA	乙烯、甲基丙烯酸	保险杠护罩
	PUR、RIM、RRIM	热固性聚氨基甲酸乙酯	扰性保险杠护罩、迎宾踏板套
	SMC、UP、FRP	玻璃纤维增强塑料	刚性车身面板、翼子板、发动机罩、行李舱盖、扰流器、顶盖内饰板、后侧围板

2.常用塑料鉴别方法

①查看压制在塑料部件上的 ISO 代号,一般在零件拆下来后就能看到所标的符号。

②燃烧鉴别。切下一小片塑料,用镊子夹住放入火中燃烧,查看其火焰颜色、燃烧情况及气味,如 PVC 塑料受热后易熔化,燃烧时火焰呈绿色或青色,有盐酸味。聚烯烃类材料在燃烧时火焰没有明显的烟雾,有蜡的气味。聚酯酸纤维素类塑料经点燃后有醋酸味。ABS 塑料燃烧时有明显的烟雾产生。

③焊接法。塑料焊条能与之焊合的即为此种焊条类型质地的塑料品种,可用其进行焊接。

④敲击法。用手敲击塑料制品内侧,PU 塑料声音较弱,PP 塑料声音较脆。

另外,PP 材料打磨有粉末,PU 材料没有粉末;PP 材料不易被划伤,PU 材料易被划伤。只有确定了塑料品种,才能选择合适的涂料品种对其进行涂装。

3.汽车用塑料件的涂装特点

内用和外用塑料件涂装的不同点:内用塑料件通常采用半光泽或完全无光泽的涂装方式,即在涂料中加入一定比例的平光剂。而外用塑料件有的采用无光泽涂装,有的采用高光泽涂装,视具体情况而定。

硬性和软性塑料件涂装的不同点:软性塑料本身具有柔韧性,所使用的涂料基本上都是烘烤型弹性磁漆。在这种涂料中加入了柔软剂,使涂层具有较大的柔韧性,类似弹性体橡胶,可以弯曲、折叠、拉伸,然后恢复到原来的尺寸和形状而不会被破坏。硬性塑料涂装通常不需要喷底漆和腻子,可以直接进行面漆喷涂。

4.喷涂塑料件部件的准备

按照塑料制品的质地软硬程度,一般将其分为硬质塑料（如车身用 ABS 塑料、玻璃钢等）和软质塑料（如 PP、PU 等）。在更换部件时,零件厂商提供的部件有一些可能是涂有底漆的,还有相当一部分是不涂底漆的。对于已经涂有底漆的部件,在处理时直接喷涂中涂漆或面漆;对于没有涂底漆的零部件,无论是硬质的还是软质的,都应使用专门的塑料底漆进行喷涂或用乙烯清洗式涂料进行覆盖,以提高其表面的附着力。一些硬质塑料,如玻璃钢等,与涂层有良好的黏结力,可以不用喷涂塑料底漆,但软质的塑料都需要这道工序。在汽车修理中,若没有更换零部件,是否需要喷涂塑料底漆要视情况而定,如果有裸露塑料制品,应喷涂塑料底漆。

5.塑料件涂装用材料

（1）塑料表面清洁剂

塑料表面清洁剂的作用是清除塑料件表面的脱膜剂,增强漆膜的附着力。使用方法是先用灰色打磨布彻底清洁塑料件的表面,然后用 1 份清洁剂与 2～4 份清水混合后的混合液清洁整件工件,最后用清水清洗,待工件完全干燥后才可喷涂塑料底漆。塑料表面清洁剂的溶解性适中,不会损伤塑料表面,而且抗静电,所以塑料工件不会因摩擦产生静电而影响涂装。

（2）塑料平光剂

为消除汽车内部塑料件一定比例的光泽而使其半光泽或完全无光泽，一般采用不同光泽的涂料装饰。平光剂也称为亚光剂，有聚氨酯用和非聚氨酯用两大类，选用时务必小心。其使用方法是将喷涂面漆后的塑料件的光泽与原车的光泽作比较，以决定是否需要用平光剂。如果需要用平光剂，就先在面漆中加入平光剂，然后搅拌均匀，并做喷涂试样对比试验，在光泽达到一致时可正式喷涂施工。对于单工序涂装的消光，直接将平光剂加入色漆中即可，而对于双工序涂装的消光，不要将平光剂加在色漆中，而要加在清漆中。

（3）PVC 表面调整剂

PVC 表面调整剂的作用是对 PVC 表面进行处理，使其有利于涂装。它由强溶剂配制而成，具有强烈的渗透性，而且能够软化 PVC 表面并产生轻微的溶胀。这样，涂装时修补涂料就能很容易地渗透进入塑料表面，这就是人们所说的"锚链效应"。它可以大大提高涂料对基材的附着力。

（4）汽车塑料件用底漆

软塑料件大多数都要求在底漆中加入柔软剂（各生产厂均有与塑料面漆的配套产品），使漆膜柔软、有韧性、不开裂。聚丙烯塑料件是一种难粘、难涂的材料，要使用专用底漆来增加其附着力，同时面漆中也要加入柔软剂，否则容易脱皮。

硬塑料件通常不需要底漆，因为涂料在这类塑料制品上的附着力很好。但有些涂料生产厂仍然建议在涂面漆前使用推荐的溶剂彻底清洗塑料件，并使用 P400 砂纸对要涂装部位进行打磨，然后喷涂合适的素色面漆或底色漆加透明清漆。喷涂模压塑料板材时，需使用底漆和中涂底漆。

（5）涂料

汽车外部零部件（如保险杠、挡泥板以及车门的镶边等塑料件）所选择的涂料最突出的要求是耐候性，也要求能够有较好的耐介质性和耐磨性。这类涂料多为丙烯酸聚氨酯涂料、热塑性丙烯酸涂料等；汽车内部用塑料（如仪表盘、控制手柄、冷藏箱、各种把手、工具箱等）常用涂料为热塑性丙烯酸、改性环氧树脂、聚氨酯以及有机硅涂料等。

6. 塑料件漆面修复

（1）塑料件漆面修复流程

在进行塑料件漆面修复作业时，应遵循以下步骤，如图 8-2 所示。

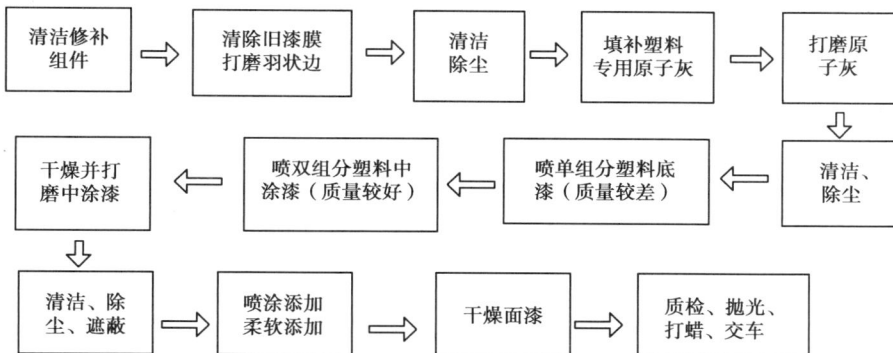

图 8-2　塑料件漆面修复流程

（2）塑料件漆面修复注意事项

①修补前,先使用水性除油剂彻底清洁塑料件表面,然后使用塑料除油剂反复清洗塑料件,每一个清洁步骤都应使用干净的清洁布。建议使用脱脂去污除油剂清洁塑料件。

②若须使用原子灰,则务必使用塑料件底材专用原子灰。

③为了保证涂层长期具有附着力,必须使用塑料件专用底漆。

④为了达到抗石击的保护性能,应该使用双组分中涂漆。

⑤柔韧性较好的塑料件须使用柔韧性较好的涂料,可以在配制时添加柔软剂。

⑥使用设备加热烘干塑料件表面涂层时,加热时间要尽可能地短,并确保塑料件不变形。

📖 思考题

1. 对于塑料件,正式喷涂前应进行哪些预处理?

2. 如何用简易鉴别法鉴别塑料类型?

3. 对于已经涂有塑料底漆的原厂部件,如果表面没有损伤,应该如何操作?

		任务工单
1	工作安全	
2	工具设备	
3	工作步骤	
4	注意事项	
5	小结与反思	

任务评价					
学生姓名:			工作任务:		
序号	技术要求	配分/分	学生自我评估	小组评估	教师评估
1	正确穿戴防护用品	10			
2	使用菜瓜布配合研磨膏打磨塑料表面	10			
3	用防静电塑料除油剂清洁保险杠	15			
4	正确喷涂塑料底漆	15			
5	选择合适的砂纸打磨中间漆	15			
6	按说明书要求调配面漆,喷涂面漆	15			
7	按照使用说明添加柔顺剂并配置清漆,喷涂清漆	10			
8	整理场地"7S"	10			
	合计	100			

任务 18　水性漆的涂装

📖 任务目标

1. 能够正确描述水性漆与油性漆的区别。
2. 能够正确描述水性漆的分类。
3. 能够正确描述水性漆的优点和缺点。
4. 能够正确进行水性漆的涂装。
5. 能够具备安全生产意识、环境保护意识以及团队协作意识的职业素养。
6. 能够检查、评价、记录工作结果。

📖 任务描述

现有一辆右侧前车门局部轻微受损的事故车辆(图 8-3),客户要求使用水性油漆进行涂装。按照客户要求,完成水性漆的涂装。

图 8-3　右侧前车门损伤变形

📖 任务分析

水性漆是以去离子水为主要溶剂、有机挥发物含量较低的绿色环保产品,对环境、人类健康的危害比较小。受世界环保法规越来越严格要求的影响,水性漆得到快速发展,因其独特之处,在涂装时与溶剂型漆的工艺有所不同。

📖 任务准备

物料准备：工具车、喷烤两用房、除油布、除油剂、耐溶剂喷壶、粘尘布、调漆杯、调漆尺、电子秤、调漆间、SATAHVLP1.3 mm 喷枪、板件等。

人员准备：连体式防护服、耐溶剂手套、防毒面罩、安全护目镜、安全鞋。

📖 任务实施

①安全防护：穿防静电工作服、安全鞋，戴面罩（供气式防护面具或活性炭防护面罩）、安全护目镜、耐溶剂手套和耳塞等。

②检查工件表面质量：面漆是最终涂层，在准备喷涂前，一定要认真仔细地检查工件表面的质量，如砂痕、凹坑等缺陷，以确保面漆的最终质量。

③稀释剂配比：按照产品调配要求，添加合适分量的水性漆稀释剂。与溶剂型底色漆不同，通常水性漆以质量比添加稀释剂，添加比例一般为 10% ~ 30%。调配并搅拌均匀后，用水性漆专用过滤网过滤后加入水性漆专用喷枪。因为水性漆会溶解普通过滤网的黏结用胶水，所以须使用水性漆专用的 125 μm 网眼的尼龙过滤网过滤。

④按厂商要求清洁，在喷水性漆前，使用水性清洁剂和溶剂型清洁剂进行两次清洁。一般采用一干一湿进行清洁，即用两块专用清洁布，先用一块清洁剂润湿擦拭工件表面，然后立即用另一块干清洁布擦干。也可将清洁剂喷涂在工件表面上，然后用干清洁布擦干。使用清洁布清洁工件表面后，用粘尘布去除工件表面的纤维、灰尘等细小杂质，以减少面漆的脏点。

⑤调配喷枪：按照产品要求及使用的喷枪特性选择合适的水性漆喷枪。一般来说，水性漆使用口径为 1.2 ~ 1.3 mm 的面漆喷枪喷涂，为了有利于环保和节约油漆，建议使用高流量低气压的环保喷枪，并按照产品要求及所使用喷枪的特性正确调配喷枪，见表 8-2。

表 8-2　喷涂水性漆喷枪气压设置

喷枪	喷枪气压设置/kPa
传统喷枪	第一遍（第二遍）遮盖涂层 300 ~ 400，最后一层雾喷层 200
低流量中气压喷枪	第一遍（第二遍）遮盖涂层 150 ~ 200，最后一层雾喷层 120 ~ 150
高流量低气压喷枪	第一遍（第二遍）遮盖涂层 120 ~ 150，最后一层雾喷层 100 ~ 120

喷枪的具体参数设定须参照涂料厂商产品资料及喷枪厂商产品使用资料。

⑥喷涂作业：纯色水性漆遮蔽力较好，通常喷一个双层即可；对于银粉或珍珠色漆，先喷一个双层，然后喷涂雾喷层。对于颜色遮盖力相对较弱的银粉或珍珠色漆，须喷两个双层，然后喷一个雾层。每喷涂一个双层后，都需使用吹风枪以大约 45° 斜吹工件表面，将水性漆吹干至哑光状态，通常吹 2 ~ 3 min 即可。水性漆在温度 25 ℃、相对湿度小于 70% 的情况下干燥速度最快。如果可能，可以在车间安装一个温度湿度计，以根据当时的温度、湿度情况来判断水性漆所需要的时间。

⑦必要时补喷：喷涂底色漆吹干后如发现尘点，可用 P1000 号的精棉砂纸打磨，打磨之后，在打磨区补喷一层水性漆。

⑧清漆喷涂：在水性漆吹干后，进行清漆涂装作业。

⑨烘干烘烤具体条件参照具体产品说明书。

一般来说，烘干双工序面漆同样需要工件表面达到 60 ℃后保持 30 min，设定烤漆房时同样需要考虑升温时间，设定时间应包括升温所需时间加上烘烤所需的 30 min。

⑩除遮蔽：在车漆未冷却前除遮蔽。

📖 知识链接

1. 水性漆与油性漆的区别

水性漆是以去离子水为主要溶剂、有机挥发物含量较低的绿色环保产品，对环境、人类健康的危害比较小，且安全不易燃；传统油性溶剂型油漆则以有机溶剂为主，易燃，具有刺激气味，含有较多的化学性挥发物质，如果涂装时防护措施不全面，对人体健康影响较大。

水性漆的优点如下：

①水性漆以水作为分散介质，仅采用少量低毒性醇醚类有机溶剂，安全环保、节约资源，消除了施工时发生火灾的危险，有利于降低大气污染。

②水性漆对材质表面适应性非常好，在潮湿环境同样可以施工，涂层附着力强。

③水性漆容器和工具都可用水清洗，没用完的涂料可以放在阴凉的地方保存，既节约了涂料资源，又减少了对清洁溶剂的消耗。

④水性漆电泳涂膜均匀，展平性好，细小的缝隙和边角都能涂上一定厚度的涂膜。

水性漆的缺点如下：

①因为水的表面张力大，甚至比有机溶剂大很多，污物会使涂膜产生缩孔，所以水性涂料对施工表面清洁度要求高。

②难湿润，不易溶，蒸发易受温度和湿度的影响，溶剂的沸点可控制其挥发速度，水性涂料则较难控制。

③水性漆与溶剂型涂料相比更易产生流挂弊病，在施工时必须控制现场的温度、湿度和涂料的黏度，以确保喷涂时不会发生流挂。

④水性漆在烘烤过程中会出现气泡，应在水性漆中导入预热（P/H）工艺，可防止在烘烤过程中出现如气泡以及体积收缩造成的流挂等问题。

2. 水性漆的分类

凡是用水作溶剂或者作分散介质的涂料，都可称为水性漆。水性漆包括水溶型、水稀释型和水分散型。

（1）水溶型

水溶型是以水溶性树脂为成膜物，以聚乙烯醇及其各种改性物为代表，除此还有水溶醇酸树脂、水溶环氧树脂及无机高分子水性树脂等。

（2）水稀释型

水稀释型指以后乳化乳液为成膜物配制的漆，使溶剂型树脂溶在有机溶剂中，然后在乳化剂的帮助下靠强烈的机械搅拌使树脂分散在水中形成乳液，称为后乳化乳液，以此制成的漆在施工中可用水来稀释。

（3）水分散型

水分散型主要指以合成树脂乳液为成膜物配制的漆。乳液是指在乳化剂存在下，在机械搅拌的过程中，不饱和乙烯基单体在一定温度条件下聚合而成的小粒子团分散在水中组成的分散乳液。在水溶性树脂中加入少许乳液配制的漆不能称为乳胶漆。严格来讲，水稀释漆也不能称为乳胶漆，但习惯上将其归为乳胶漆。

3. 水性漆喷涂的技术特点

水性漆中水的挥发主要是通过调节喷漆室的温度和湿度来控制的，而溶剂型油漆可以通过调整稀释剂的蒸发速率来调整涂着固体份。水性色漆的涂着固体份通常为20%～30%，而溶剂型色漆的涂着固体份高达60%～70%，故水性色漆的平滑性较好，但同时需加热闪干，否则容易出现流挂、气泡等质量问题。因此，涂料流变性的控制技术是水性漆设计的关键。

（1）设备技术特性

喷漆室和烘干室（电加热喷烤漆房），如图8-4所示。

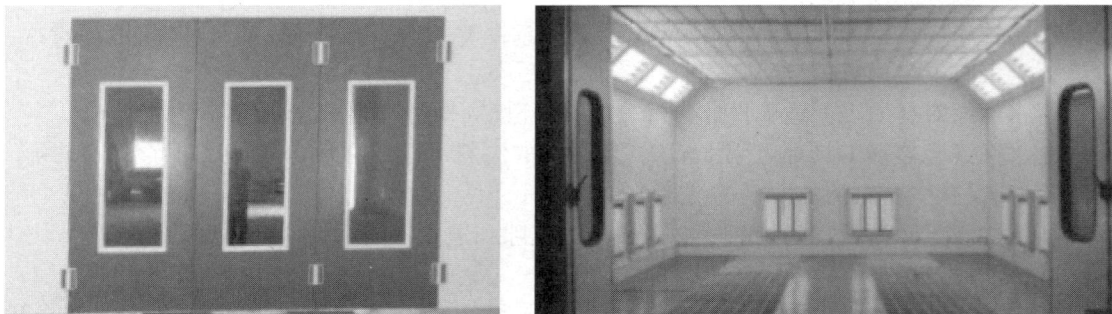

图8-4　电加热喷烤漆房

首先，由于水的腐蚀性比溶剂还要大，因此喷漆室的循环水处理系统采用不锈钢制成。其次，喷涂室的空气流动状况要良好，风速控制在0.2～0.6 m/s，或者空气流动达到28 000 m³/h（正常烤漆房均能满足此条件），同样烘干室中由于空气中的水分含量较高也会对设备造成腐蚀，所以烘干室内壁也须采用防腐材料。喷涂水性漆，利用红外线辐射加热的喷烤漆房能快速干燥漆面，节省作业时间，提升效率。

（2）自动喷涂系统

水性漆喷涂的喷漆室的最佳温度为20～26 ℃，最佳相对湿度为60%～75%。允许温度为20～32 ℃，允许相对湿度为50%～80%。因此，喷漆室内必须有适当的调温、调湿装置。国内汽车涂装喷漆室冬天都可以调温、调湿，夏天却很少有调温、调湿的，因为需要的制冷量太大，所以很少有送冷风的。因此，在高温、高湿地区，如果使用水性漆，必须在喷漆室中安装中央空调，夏季须送冷风，这样才能保证水性漆的施工质量。

（3）油水分离器

水性漆在施工过程中，对压缩空气的洁净度要求非常高，要保证压缩空气里没有油和水或其他物质，因此，在施工的烤漆房内，我们需安装三节油水分离器，如图8-5所示（油性漆安装的是两节油水分离器）。

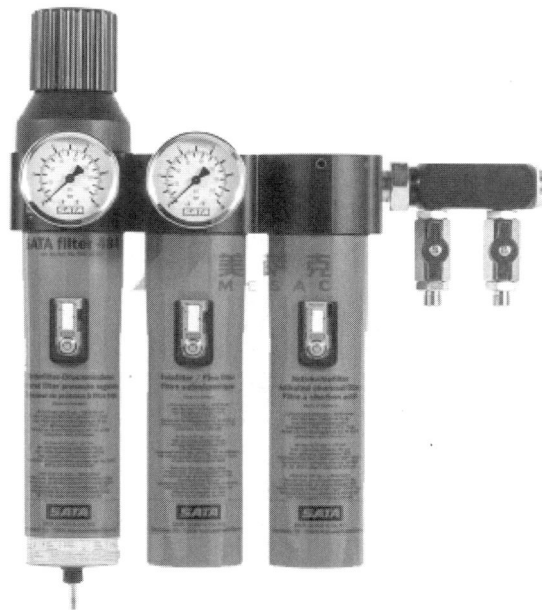

图 8-5　油水分离器

（4）吹风枪

由于水性色漆和罩光清漆是"湿碰湿"施工的，因此水性漆存在预烘干的问题，即使色漆涂层中的绝大部分水、助溶剂挥发掉。试验表明，水性色漆涂层的溶剂含量（主要为水）只有降低到 10% 以下，喷涂的罩光清漆才不至于将色漆层溶解而产生水泡，影响外观质量。如果在通常的温度条件下闪干，水性色漆的溶剂含量不可能达到 10% 以下。因此，在水性色漆上喷涂罩光清漆之前必须进行适当的强制干燥。常见的强制干燥设备是吹风枪，如图 8-6 所示。在使用吹风枪时，吹出的气流方向应与烤漆房内的气流方向相同。吹风枪不能与漆面垂直，否则会造成油漆缺陷。待色漆层充分干燥后就可以进行清漆喷涂。

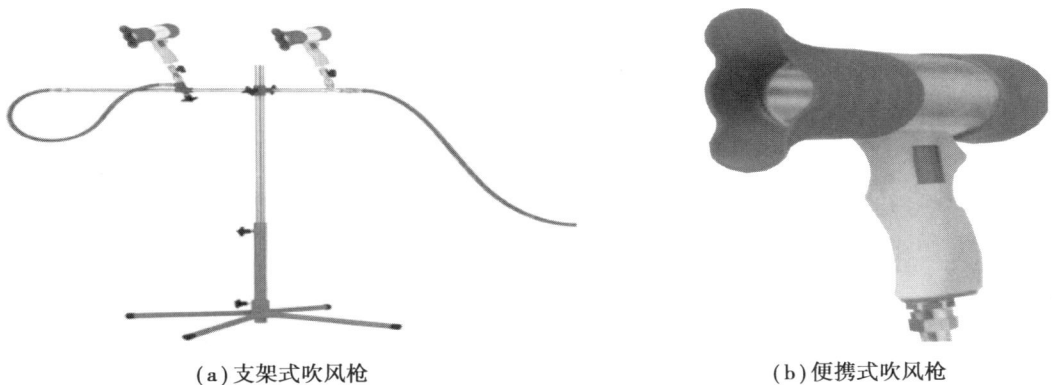

（a）支架式吹风枪　　　　　　　　　　　　　（b）便携式吹风枪

图 8-6　吹风枪

水性漆吹风枪空气喷口内设计，有按照文丘里效应制成的大口径文丘里管，如图 8-7 所示。文丘里效应指在高速流动的气体附近会产生低压，从而产生吸附作用，故吹风枪并不只是吹出压缩空气供气，它还能同时吸入大量周围的空气，使出风量达到供气量的 10 倍。质量较好的吹风枪,进风量为 200 ~ 400 L/min,而出风量能够达到 3 000 ~ 6 000 L/min,不仅节约能源,同时还保证了空气以适当的流速吹过漆膜表面,促使水分蒸发,使水性漆能够快速干燥。

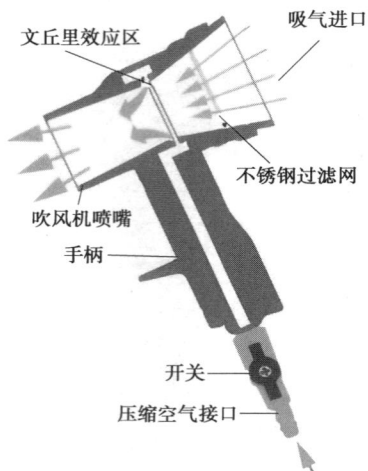

图 8-7　水性漆吹风枪的结构

吹风枪的使用注意事项如下:

①每次使用吹风枪前,都应检查截流阀处的螺钉是否紧固,滤网是否干净。若滤网有污物,应当拆卸并清洁不锈钢滤网。

②空气软管固定到快速接口前,应吹净空气软管。使用的空气软管必须能抗溶剂,并且至少能承受 1 000 kPa 压力。

③为确保工作效果,流经吹风枪的空气必须是干净、干燥的压缩空气。

④如果吹风枪沾有涂料,应使用稀释剂和刷子清洁吹风枪。

⑤吹风枪不能浸入稀释剂或超声波清洁设备。

⑥维护或清洁吹风枪时必须断开气源。

（5）水性漆喷枪

尽可能使用带气压表的专用喷枪,这样可以保证喷涂样板与最终修补结果一致,推荐使用 HVLP 水性漆型喷枪,如图 8-8 所示。使用前要确保喷枪完全清洁,并用清洁干燥的空气吹干,这个步骤对于保存用溶剂清洗过的喷枪很重要。

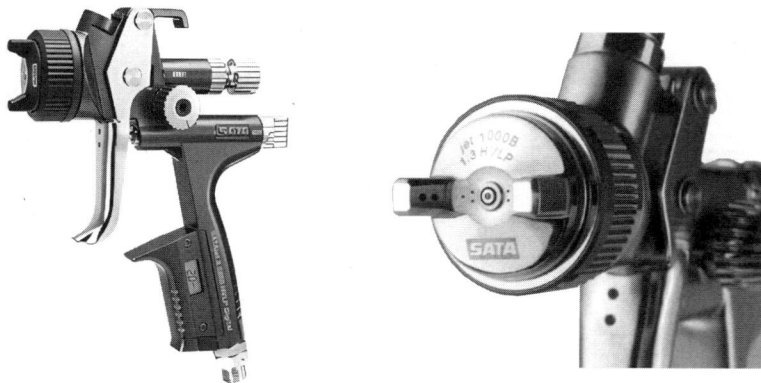

图 8-8　水性漆喷枪

4. 水性漆的储存

水性漆合适的储存温度为 5~35 ℃,当温度低于 5 ℃时开始结晶,这将导致水性漆中出现结晶颗粒而不能使用,所以水性漆色母应存放在可控温的专用保温柜中,保温柜可以设置温度,一旦温度低于该温度,就会自动升温。为了喷涂效率的需要,保温柜温度通常设定在 20 ℃左右。

一些品牌的水性汽车修补漆色母采用微胶状沉淀技术,从而无须安装在搅拌机上进行搅拌,每次调色混合前只需轻微振荡几次即可使用。一些品牌的水性汽车修补漆色母则需安装在搅拌机上,由于目前没有带搅拌功能的保温柜,故可以在调漆间安装空调,以保证水性漆存放及使用温度不低于 5 ℃。盛放容器应使用防腐蚀材料,如不锈钢和塑料等。

思考题

1. 水性漆在涂装时易产生哪些缺陷?
2. 详细说明水性漆的缺点。
3. 简述喷涂水性漆的工作流程及注意事项。

		任务工单
1	工作安全	
2	工具设备	
3	工作步骤	
4	注意事项	
5	小结与反思	

任务评价					
学生姓名：			工作任务：		
序号	技术要求	配分/分	学生自我评估	小组评估	教师评估
1	正确穿戴防护用品	5			
2	喷涂前对工件进行清洁,先使用水性清洁剂清洁,再用溶剂型清洁剂清洁	15			
3	按产品要求调配稀释剂	5			
4	喷涂前清除工件粘尘	5			
5	正确调节喷枪参数	15			
6	喷涂色漆,检查喷涂效果,是否有色漆颗粒粗糙	15			
7	补喷色漆	10			
8	喷涂清漆,检查有无流挂等明显缺陷	20			
9	整理场地"7S"	10			
	合计	100			

参考文献

［1］吴兴敏,黄艳玲,刘凤波.汽车涂装修复技术［M］.2 版.北京:北京理工大学出版社,2019.

［2］王建.汽车涂装技术［M］.北京:机械工业出版社,2018.

［3］范家春,刘习成.汽车涂装［M］.北京:机械工业出版社,2015.

［4］黄俊平.汽车涂装技术［M］.北京:机械工业出版社,2018.

［5］末森清司,加户利一.汽车涂装［M］.北京全华科友文化发展有限公司,译.北京:人民交通出版社,2014.